KB132054

4·16구술증언록 단원고 2학년 2반 제3권

그날을 말하다

혜경 엄마 유인애

이 도서의 국립중앙도서관 출판예정도서목록(CIP)은 서지정보유통지원시스템 홈페이지(http://seoji.nl.go.kr)와
국가자료공동목록시스템(http://www.nl.go.kr/kolisnet)에서 이용하실 수 있습니다.
CIP제어번호: CIP2019009400

4·16구술증언록 단원고 2학년 2반 제3권

그날을 말하다

혜경 엄마 유인애

4·16기억저장소 기획 편집
(사) 4·16세월호참사가족협의회 지원 협조

한울

일러두기

1. 음절로 식별 가능한 소리를 들리는 대로 전사하는 것을 원칙으로 한다.

2. 의미를 파악하기 위해 추가 설명이 필요할 경우 [ ]로 표시한다.

3. 몸짓, 어조 등 비언어적 행위는 ( )로 표시한다.

4. 구술자가 말을 잇지 못해 말줄임표를 사용하는 경우 ……, …로 길고 짧음을 표시한다.

5. 비공개 영역은 〈비공개〉로 표시한다.

6. 비공개해야 하는 희생자 형제자매의 이름은 ○○, △△ 등의 도형기호로, 생존자의 이름은 A, B, C 등 알파
   벳 대문자로 표시한다.

7. 비공개해야 하는 제3자는 직분이나 소속, 성만 공개하고, 이름은 ××로 표시한다. 비공개해야 하는 숫자는
   자릿수에 상관없이 □로 표시하며, 지명은 □□로 표시한다.

　　4·16기억저장소에서는 세월호 참사 5주기를 맞아 구술증언 수집 사업의 결과물 일부를 100권의 책으로 발간하게 되었습니다. 이 사업은 2015년 6월부터 다양한 학문 분야 구술 연구자들의 자발적인 참여로 진행되어 왔으며, 세월호 참사를 좀 더 정확하고 다각적으로 기록하고 기억하고자 하는 노력의 일환으로 수행되었습니다.

　　2014년 참사 발생 이후, 참사 피해자들의 목격담과 경험은 안타깝게도 공식적인 국가기관과 언론의 기록 속에서 철저히 소외되거나 왜곡되었습니다. 그것은 세월호 참사가 우리에게 안긴 죽음과 고통의 충격만큼이나 우리 사회의 끔찍한 비극이었습니다. 따라서 사업을 진행하면서 세월호 참사 희생자 가족, 생존자, 생존자 가족, 어민, 잠수사, 활동가, 기자 등등, 참사의 초기 과정을 직접 경험한 분들의 증언을 우선적으로 수집했습니다. 구술자는 이 사업의 취지와 방식에 개인적으로 동의한 분 중에서 선정했으며, 참여 과정에 어떠한 금전적 보상이나 이익이 제공되지 않았습니다. 또한 구술증언 수집 사업을 진행하는 동안, 면담자는 연구자이자 참사를 겪은 공동체 시민으로서 최대한 윤리적이고자 노력했습니다.

구술자마다 매회 약 2시간씩 3회를 원칙으로 음성 녹취와 영상 촬영을 하는 방식으로 진행되었고, 증언의 일관성을 확보하기 위해 면담자는 큰 틀에서 공통 질문지를 사용했습니다. 공통 질문지의 내용은 참사와 구술자 간의 관계성에 따라 차이가 있지만, 유가족 구술의 경우 1회차 '참사 이전의 삶, 팽목항과 진도에서의 경험, 자녀에 대한 기억'을, 2회차 '참사 이후 투쟁과 공동체 활동 경험'을, 3회차 '참사 이후 개인 및 가족이 경험한 삶의 변화와 깨달음, 자녀의 현재적 의미'를 중심으로 했습니다. 이처럼 증언 내용은 참사 이전에서 시작해 참사 발생 당시의 경험과 이후의 변화 과정까지 폭넓게 수집했고, 면담자는 구술 채록 과정에서 구술자의 발화를 최대한 존중하고자 했으며, 무엇보다 각자의 특수한 경험과 다른 시각을 충실히 반영하고자 했습니다.

이 구술증언록의 발간을 위해, 채록된 음성 자료는 문서로 변환해 구술자와 함께 검토했고, 현재 시점에서 공개할 수 있는 영역과 할 수 없는 영역으로 구별했습니다. 따라서 책에 실린 내용은 모두 구술자로부터 공개를 허락받은 부분입니다. 비공개 영역은 추후 구술자의 동의를 받아 적절한 절차를 거쳐 추가로 공개될 수 있으리라 생각합니다.

이 구술증언록 100권에는 그동안 우리 사회에 왜곡되어 알려지거나 잘 알려지지 않았던, 참사 발생 직후 팽목항과 진도 혹은 바다에서의 초기 상황에 관한 중요한 증언이 포함되어 있습니다. 또한, 자녀를 잃는 잔인하고 애통한 상황을 겪으면서도 그 누구보다 강인한 정치적 주체로 성장할 수밖에 없었던 유가족의 마음과 경험을 구체적으로, 그리고 여러 각도에서 살펴볼 수 있습니다. 그 외에도, 이 구술증언록은 2014년을 전후한 한국 사회의 여러 측면을 드러내는 귀중한 자료가 되리라고 생각합니다. 무엇보다 국내외의 많은 분이 이 책을 읽어, 장차 세월호 참사의 진상 규명과 역사 서술에 기여할 수 있기를 바랍니다.

구술증언 수집 사업이 진행되고, 책으로 출간되기까지 많은 분의 도움과 지지가 있었습니다. 이 지면을 빌려 부족하나마 감사의 말씀을 전하고자 합니다.

먼저 (사)4·16세월호참사가족협의회와 4·16기억저장소에 감사를 드립니다. 이분들의 신뢰와 적극적인 협조가 없었다면, 이 사업은 처음부터 시작할 수조차 없었을 것입니다. 또한 어려운 정치 환경 속에서도 사업의 취지에 공감해 재정 지원을 결정해 준 아름다운가게와 역사문제연구소에 감사드립니다. 두 단체 덕분에, 이 사업을 4년 동안 계속해 올 수 있었습니다. 그리고 구술증언록 100권의 발간에 동의하고, 바쁜 일정에도 출판 실무를 기꺼이 맡아주신 한울엠플러스(주)에도 감사를 드립니다. 이 외에도 많은 개인과 단체가 직간접적으로 많은 도움을 주시고 격려해 주셨습니다. 여기

책머리에

에 모두 밝히지 못하는 것을 죄송하게 생각합니다.

　말할 필요도 없이, 가장 크고 또 가슴 아픈 감사는 구술자 한 분 한 분께 드리고자 합니다. 이 책이 발간될 수 있었던 것은, 무엇보다 용기를 내어 아픔과 고통의 기억을 다시 떠올리고 장시간 진심으로 이야기를 해주신 구술자가 있었기 때문입니다. 오랜 시간 이야기를 나누며 함께 공감하기도 했지만, 그 아픔과 고통을 어떻게 가늠할 수 있을까 싶습니다. 더 큰 도움이 되지 못함을 안타까워하며, 이 구술증언록 100권의 발간이 피해자분들에게 조금이라도 위로가 될 수 있기를 기원합니다.

2019년 4월

4·16기억저장소 구술팀 책임자
서울대학교 인류학과 교수 이현정

차례

■ 3회차 ■

혜경 엄마 유인애

구술자 유인애는 단원고 2학년 2반 고 이혜경의 엄마다. 어렵게 얻은 두 딸 중 막내로 태어난 혜경이는 조그맣고 예쁘고 자기 생각이 분명한 아이였으며, 엄마에게 참으로 보물 같은 존재였다. 엄마는 떠나간 혜경이에 대한 견딜 수 없이 차오르는 그리움을 한 자, 한 자 정성껏 글로 엮어 2017년 시집 『너에게 그리움을 보낸다』를 출간했다.

유인애의 구술 면담은 2018년 9월 20일, 10월 5일, 17일, 3회에 걸쳐 총 10시간 20분 동안 진행되었다. 면담자는 이현정, 촬영자는 강재성이었다.

구술자 본인의 프라이버시나 제3자의 프라이버시를 보호해야 할 부분을 제외하고는 구술자의 발화를 있는 그대로 전사했다.

1회차

2018년 9월 20일

1
시작 인사말

면담자   본 구술증언은 4·16 사건에 대한 참여자들의 경험과 기억을 기록으로 남김으로써 이후 진상 규명 및 역사 기술에 기여하고자 합니다. 지금부터 유인애 씨의 증언을 시작하겠습니다. 오늘은 2018년 9월 20일이며, 장소는 서울대학교입니다. 면담자는 이현정이며, 촬영자는 강재성입니다.

2
구술 참여 동기

면담자   구술증언 사업에 참여하시게 된 동기가 무엇인가요?

혜경 엄마   안 거는 먼저 했던 수정이 엄마가 전화가 와가지구. "언니, 언니 책 냈으니까 언니도 한번 해보는 게 좋을 것 같다"고. "혹시 그거 얘기 못 들었냐, 구술 작업에 대한 거" 그래서 "아니, 나 처음 듣는다" 그랬더니 "언니 한번 해보라"고. "혜경이에 대한 이야기를 하는 거니까, 엄마로서 남기고 싶은 거 해야 되지 않냐"고. 그래서 하게 됐습니다.

면담자   구술증언이 앞으로 어떠한 목적에 사용되기를 바라세요?

혜경 엄마　　　자식을 먼저 보낸 부모니까, 아무래도 잊지 않고. 그 걸 후대라고 표현하긴 좀 그렇지만 자라나는 젊은 세대들이 쭉 좀 알았으면 해요. 어떻게 아이들이 갔는지, 왜 그렇게 가야만 했는지. 살아 돌아올 수 있었는데도 못 돌아온 거에 대한 거.

면담자　　　어머님 말씀대로 이 구술증언이 우리 다음 세대 젊은이들에게 알릴 수 있는 목적으로 사용되도록 애를 쓰겠습니다.

3
근황

면담자　　　직장을 다니시는 걸로 알고 있는데, 어떠한 일을 하고 계시나요?

혜경 엄마　　　제가 지금 투잡[두 가지 일]을 하고 있어요. 혜경이가 초등학교 들어가면서 주말에만 근무하는 알바를 다녔어요. 혜경이 초등학교 1학년 들어가면서. 그 전에는 집에서만 있었고, 아이들이랑 같이. 학원비라도 벌려고 주말에 했다가 혜경이가 한 5학년, 6학년 때쯤에. 아빠가 나이가 많아요, 좀. 올해로 환갑이거든요. 아빠가 그 당시에 "이제 ○○[혜경이 언니 이름] 엄마가 좀 벌어야 될 것 같다" 그러시더라구요. "왜?" 그랬더니, 자기가 명퇴 영순위래요. 그래 가지고 "아무래도 조금 알아봐야 되지 않냐"[고]. 근데 그 찰나에 아빠가 명퇴를, 명퇴가 됐어요. 그래서 우연찮게 회사에, 그냥 조그마한 회산데 경리로 들어갔어요. 제가 처녀 때 농협에 다녔더래서 그런 쪽으로, 지금도 그 회사에 쭉 다니고 주말도 안 그만두고 다녀요, 사실은.

면담자   주말에도 계속.

혜경 엄마   네, 다녀요.

면담자   주말에도 계속 일이 있나 보네요?

혜경 엄마   주말에는 한국마사회 발매, 발매 업무를 하고 있어요.

4
안산 정착 과정

면담자   그전에 아버님께서는 어떤 일을 하고 계셨나요?

혜경 엄마   아빠는 피시비(PCB) 쪽 회사에 다니셨어요. 핸드폰에 회로 형성하는 회사. 처음부터 그런 쪽에서 일하셨었거든요.

면담자   안산에 오래 계셨었나요?

혜경 엄마   그렇죠. 원래는 회사가 여기 서울에 구로공단에 있었는데 구로공단이 없어졌잖아요. 안산으로 옮겼잖아요. 해서 이제 안산으로 가서가지고 있다 계속 그 회사에 있었던 거지.

면담자   서울로 이사하신 것으로 들었는데, 언제 어떠한 계기로 이사를 하시게 됐나요?

혜경 엄마   집은 12월이 되면 3년째 돼요.

면담자   이사를 일찍 하셨네요.

혜경 엄마   네. 오고 싶지 않은 이사를 한 거거든요. 왜냐면 큰 아이가 혜경이 그럴 때 대학교 들어갔었거든요. 언니가 전문대를 들어갔어요. 근데 서울로 와가지고 한 1년 반, 1년 반 학기 마치고 바로 취직이 된 거예요. 직장이 강남이에요. 그니까 새벽에 5시 반에 일어나서 뭐 하고 밥도 뭐 제대로 못 먹고 6시 반이면 나가거든요. 그니까 길에서 다 시간을 허비하는 거고, 다니면서부터 계속 몸이 농이 지고 입안이 헐고 그러니까는 힘들어하더라구요. "엄마, 그냥 한번 참아보고 다닐게" 그러더니 도저히 안 되겠는지 "방을 얻어달라" 그래서, 아빠가 "셋이 남았는데 그냥 같이 있어야지" 그러면서 갑자기 여기 서울 집을 보게 됐어요. 나도 가깝고 교통이 편리하고, 딸도 교통 편리한 데로. "그래도 어른이 좀 힘들게 다녀야지" 그래서 사실은 대림역 근처에 남구로역 거기다가 집을 얻어가지고. 아파트 다 팔고 그렇게 해서 왔어요, 큰애 때문에.

면담자   이사 오신 다음에 안산에서 만나던 사람들과 연락하는 데 불편하신 건 없어요? 연락이 끊기거나요.

혜경 엄마   그렇지는 않구요. 대신 아빠도 직장을 자의 반 타의 반으로 그만두게 했어요. 왜냐면 혜경이 사고 나고 나서 얼마 안 있다가 아빠가 조그만 회사에, 그니까 아빠가 중간에 한 번 옮겼거든요. 조그만 회사에 그래도 직분이 이사인데 어느 날 갑자기 아빠가 일용직 아이들이 하는 그런 [직무에] 같이 묻혀서 있게 됐어요. 그러니까 아빠도 많이 고민을 했어요. 그래서 제가 그랬어요. "그냥 그만두라"고. "그만두고 다른 거를, 다른 일을 들어가더라도 그만두라"고. 그래서 아빠가 나오고.

사실은 아빠도 그렇고, 저는 그냥 다니면서 거기 만나는 거는 유가족만 만나요. 다른 사람은 못 만나요. 애기 아빠도 예전 직장 친구들은 못 만나요. 우리를 좀 틀리게 보는 사람들이 많아 가지고. 그래서 아빠도 이제 끊고, 아빠가 연락을 안 하지. 안 하고 유가족들이랑 같이 얘기하면서, 만나게 되면 유가족 만나고. 저는 투잡을 하다 보니까는 친구들이 이쪽저쪽에 있잖아요. 그러니까 그냥 어쩔 수 없이 만나는데, 대신 저는 밥 먹는 자리는 안가요. 음… 아이들 합동분향소[정부합동분향소] 없앨 때까지 안 다녔어요. 회식 있을 때도 나를 봐달라고. 도저히 나는 그런 자리에 못 가니까.

면담자   회사에서요?

혜경 엄마   아니, 친구들한테 그렇게 얘기를 했지. 그래서 친구들이 많이 할애[배려]를 해줬어요, 그런 부분은. 내 마음 아니까는. 그리고 굳이 그렇게 저기 한[불편한] 거는 없는데 우리 큰애가 자기 때문에 서울로 이사는 했지만, "다시 가자"고 그래요, 큰애도. 안산으로. 큰애는 어차피 직장도 서울이고, 나중에 뭐 결혼을 할지 안 할지 그런 거는 모르겠지만, "엄마, 아빠는 나중에 혜경이 자리 다 되면 안산으로 갈 거야" 그런 계획을 세우고 있지요.

면담자　　　혜경이 어머님, 아버님 같은 경우는 다시 혜경이가 있는 데로 갈 거라는 계획을 가지고 계시네요.

혜경 엄마　　네, 계획을 세우고 있어요.

면담자　　　아버님이 혜경이 초등학교 때 명퇴를 한 번 겪으시고 다른 직업으로 바꾸셨다고 하셨는데요. 그다음에도 직장이 안산이었나요?

혜경 엄마　　네.

면담자　　　거기서 이사직으로 계셨다가 일이 수월치가 않아서 결국은 그만두시고 어머님이 오히려 일을 더 많이 하시게 된 상황인 거죠.

혜경 엄마　　네.

면담자　　　어머님하고 아버님하고 몇 살 차이세요?

혜경 엄마　　5살 차이요. 얘기가 옆으로 샜는데, 우리는 혜경이랑 혜경이 언니를 기다리다가 낳았어요. 사실은 저희가 그래 가지구 아빠가 많이 이제 조금…….

면담자　　　나이 들어서 귀하게 얻은 둘째군요.

혜경 엄마　　큰애를 결혼한 지 햇수로 7년 만에 가져가지구, 아이

들한테 되게 잘해줬거든요. 우리 친정엄마가 버릇없게 키운다고,
아이들을. 아빠한테 하는 거 보고. 아빠가 [아이들이] 그냥 귀여우니
까. [아이가] 못 생기나 싶다가 생겨가지구. 아빠가 아이들 눈높이
에 맞춰서 똑같이 그렇게 했지. 아빠도 똑같은 부모니까. 그런데
아빠도 많이 힘들어해요. 지금은 가끔가다 그래. "큰애도 미안하니
까 큰애한테 좀 많이 신경 좀 쓰라"고.

면담자　　　현재 혜경이 아버님, 어머님 그리고 큰딸도 같이 살
고 있는 거죠.

혜경 엄마　　　네, 네.

면담자　　　큰딸은 혜경이와 2살 차이였나요?

혜경 엄마　　　2살 차이.

면담자　　　95년생인가요?

혜경 엄마　　　네, 95년생.

5
금구모 모임

면담자　　　제가 알고 있는 것 중에 금구모 모임이라고, 1학년
9반이었던 학생들이 친했다고 하던데요. 그 부모님들하고는 연락
을 하시나요? 지금은 주로 누구와 연락을 하시나요?

혜경 엄마	원래 저희가 그게 있는지를 몰랐어요.
면담자	금구모를요?
혜경 엄마	다른 엄마들도 다 몰랐던 거예요. 학교 교실을 [참사

이후] 초창기에 자주 갔지요. 교실을 갔는데, 교실에 그 뭐라 그러지? 하드보드 칠판이라 그러나? 쪼그만 고기에다가 2반에 혜경이, 수정이, 온유 또 ☆☆이, 네 명이에요. 금구모 그 네 명이. 근데 그 아이들 하트 모양을 해놓고 거기에다가 이름을 써놨어요. 그래 놓고 "금구모 사랑해" 해놓고 우리 혜경이한테는 빨갛게 하트를 해놨더라구요. 그래서 "금구모가 무슨 뜻이지?" 그랬어요.

이제 와가지고 시연이 엄마가, 3반에 김시연 엄마가 애기[혜경이] 아빠를 처음 분향소에 본 순간, "혜경이 아버님 아니세요?" 그러더래요. 애기 아빠가 웬 낯선 여자가, 처음 보는 여자가 자기를 알아보더래. 그래서 "누구시냐?"고 그랬더니 시연이 엄마라고 3반. 그러면서 자기가 혜경이를 안다고, 혜경이랑 똑같다고 그러더래요. 그래서 "우리 혜경이를 어떻게 아냐?"고 그랬더니, 시연이가 아이들을 좀 많이 데리고 왔었나 봐요. 자기가 봤다구 그러더래요. 그래서 시연이 엄마한테 한 날은 "금구모가 무슨 뜻이지?" 그랬어. 그랬더니 시연이 엄마가 1학년 때 9반이었던 엄마들, 시연이네 집에 왔던 아이들 엄마들한테 다 연락을 해가지고 한번 모였어요. 내가 "금구모가 무슨 뜻이지?" 그러니까는. 우리 나름대로 "금구모? 9반 뭐, 금쪽같은 내 새끼?" 막 이랬었거든요.

근데 나중에 시연이 엄마가, 생존자 아이가 그중에 한 명이 있었어요. 생존자 아이가 그러는데 "금요일마다 9반 모임"이래요. 그러니까 1학년 때 9반이었던 아이들이 2학년 올라가면서 흩어지잖아요. 그러니까는 "매주 금요일 날 점심 때 9반 모여서 같이한 테이블에서 밥 먹자" 그랬대요. 그래 가지고 금구모에 대한 뜻을 안 거지. 애기 아빠가 그러더라구요. "그래도 그거 거기다가 그렇게 써놔서 금구모라는 거 알았네". 그래 가지고 그 당시에 12명이, 생존자 빼고 제 기억으로는 12명 엄마들이 다 모였어요, 초창기에는. 단합이 잘됐는데(웃음). 중간에 빠지고 안 나오고.

면담자　　　지금 말씀하신 게 2반에서….

혜경 엄마　　아니, 그 12명이. 그니까 3반이랑.

면담자　　　금구모 친구들이 모두 12명이에요?

혜경 엄마　　금구모 그 친구들. 13명인가 그런데 생존자 1명 있고 12명이 다 모였었어요. 12명인가 그런데 거기서 시간이 흐르면서 빠지고, 빠지고 그러면서 지금은 다섯 명만 고정으로 모여요.

면담자　　　어머님도 같이?

혜경 엄마　　네.

면담자　　　어떤 어머님들이신가요?

혜경 엄마　　혜경이, 혜선이, 은정이, 예진이, 시연이 여섯 명이구나. 그담에 주이, 장주이. 여섯 명. 수정이 엄마도 나오다가, 수정이 엄마는 지난겨울에 당분간 자기는 안 나오겠다고 그러더라구.

면담자   주로 어디서 모이셔서 어떤 이야기를 하시나요?

혜경 엄마   그냥 모이면 아이들 얘기나 그런… 아이들 얘기지요, 뭐. 모이면 주로 저녁에 만나요. 저녁에 만나서 같이 간단하게 밥을 먹든 차를 마시든 그러면서, [식당이나 카페 같은] 장소에서. 이제 그러면서 하다 보면 또 울고, 아이들 생각에 울고. 저희가 재작년인가, 엄마들끼리 금구모 엄마들끼리 사실은 아이들 수학여행 [코스를] 답사 차원에서 갔어요, 제주도를. 그냥 1박 2일로.

면담자   아이들이 원래 가려고 했었던 코스를 따라서요.

혜경 엄마   가려던 그 코스를 그냥 가서, 코스만 밟고 왔어요.

면담자   구경은 제대로 안 하시고?

혜경 엄마   그런 거는 안 하고. 시간이 촉박하고 또 구경할 계제도 아니고 그러니까 코스만 밟고 그러고 왔는데. 그냥 우는 게 많았죠. "있었으면 여기 왔을 텐데" 그러면서, "다 왔다 갔을 텐데" 그러면서. 떠나는 날은 용두암에서 다 같이 그냥 펑펑 울고. 음… 그런 게 많이 힘들어요, 사실은. 거기 가가지고 그 코스에서 사진을 찍은 게 있었어요. 근데 엄마들이 다 표정이 어두웠어요. 그때 지인 한 분이 제주도에서 하룬가 이렇게 안내를 해주셨거든요. 그분이 사진 찍어주느라고 웃으라고 했어요. 근데 그 웃는 사진이, 한번 그게 퍼졌던 것 같아요. 그러니까 이제 댓글이….

면담자　　　　언론에서요?

혜경 엄마　　　에스엔에스(SNS)인지 누가 거기 올렸나 봐요. 그러니까는 댓글에 이제 뭐.

면담자　　　　악플이 막 달렸군요.

혜경 엄마　　　네. 그런 게 제일 힘들어요. 그래서 '다시는 그런 거든 뭐든 그냥 가지 말아야겠다' 그런 생각이 들었어요. 갔다 와서 올해 들어와서는, 그 전에는 우리가 활동을 하고 그러니까는 자주 못 만났어요. 올해 거의 1년 만에 한 번 만난 것 같아요, 그 전보다. 그래서 올해는 조금 자주 만나자. 서로 아픈 사람들끼리 토닥여 줘야 되니까. 그래서 한 달에 한 번씩 만나자 그러기는 했는데 그것도 이제 또 뜸해지더라구요. 각자 다 활동[하는] 그런 영역이 있으니까.

면담자　　　　안 나오시게 되는 어머님들은 바빠서 그런 건가요? 예를 들어서 자녀가 더 있다든지 집집마다 사정이 다르잖아요? 금구모는 나름대로 소모임이었는데요. 어떤 것 때문에 못 나오시게 되는 것 같아요?

혜경 엄마　　　굳이 안 물어봤어요. "나 그냥 빠질래" 그러고, 전화 연락해도 안 닿고 그러면 '에이, 그냥 빠지려나 보다' 그러고. 물론 어린아이들도 있겠지만, 저는 그래요. 어쩌다 한 번 만나는 건데 어린애가 있다 그래도 그거는 별갠데. 그래서 '[나오기] 싫은가 보다' 그냥 그렇게 생각하고, 누구도 굳이 물어보지 않았어요.

면담자   부모님들끼리는 '뭔가 사정이 있겠지' 하고 서로 물어봐 주지 않는, 예의면 예의라고 할 수 있고 서로 가슴 아픈 것을 공감하는 거겠죠?

혜경 엄마   네.

6
성장 과정과 형제자매 관계

면담자   이제 어머님이 태어나신 것부터 어머님의 삶에 대해서 여쭤볼게요. 본인의 삶에 대해 이야기를 하는 것에 대해 처음에는 좀 낯설어하시지만, 하고 나서는 좋게 생각하시는 분들이 꽤 되세요. 이야기하면서 삶이 정리가 되고, '아이가 나에게 어떤 의미였는가'에 대해서도 다시 한번 확인하는 경험을 하시더라구요. 혜경이 어머님의 성장 과정, 학창시절, 취업 준비나 직장생활, 결혼 과정 등과 어떻게 안산에 살게 되셨는지에 대한 이야기들…. 그리고 아이를 오래 기다리다 혜경이 언니를 낳으셨다고 했는데, 어떤 마음으로 기다리셨는지 그런 과정을 생각나시는 대로 편하게 말씀해 주시면 될 것 같아요.

혜경 엄마   제가 엄마랑 생활할 때 보면 엄마가 항상 그랬어요. "힘들면 시골 농사일이 힘들지". "아휴, 내가 책을 쓰면 몇 권을 쓴

다"고 그게 귀에 딱지가 앉았어요. 저는 최전방에서 살았어요. 경기도 연천군 백학면 백령리에서. 거기서 태어나고 거기서 쭉 자랐거든요. 저희는 항상 마을 방송처럼 북한 방송을 듣고 살았어요. 새벽에도 시험공부를 하다 보면 북한 방송을, 대남 방송을 하는 거예요. 그게 그냥 동네에서 방송하듯이 그렇게 들렸거든요. 그런 곳에서 태어나고 자랐는데, 사실 예전에 어른들이 그랬어요. "옛날에는 여기도 이북이었다"고.

요즘 한창 비 많이 오면 비룡대교 나오잖아요, 뉴스에. 그거를 건너야 해요. 건너면 38선이라고 큰 돌비석이 있어요. 그거를 지나서 저희 집은 들어가거든요. 근데 어려운 살림이에요, 저희도 친정집이. 그래서 제가 항상 그랬어요, 초등학교 때부터. "나는 왜 이렇게 힘든 집에서 태어났지?"(웃음) 살림이 너무 없으니까. 저희 엄마도 아버지 얼굴도 못 보고 시집을 오셨대요. 엄마 외삼촌이 중매를 해서 온 건데, 와서 보니까 뭐 우리 엄마 흔히 하는 말로 "개뿔다구니 하나도 없다"고, 엄마가 항상 그랬거든요. 그래 가지고 [시집]와서 시부모님이랑 시누랑 살았는데.

면담자　　　아버님이 큰아들이세요?

혜경 엄마　　　우리 아버지가 외아들이에요. 외아들에 고모가 셋이 있었어요. 〈비공개〉 살림이 어려운 게, 엄마 말론 맨날 그래요. 농사를 지으면 먹을 게 없대. 그거를 다 다시 갚아야 하니까. 빚져서 농사져서 추수하면 그걸 다 갚는 거야. 그러니까 엄마가 먹을 쌀이 없다고. 그게 제 귀에 항상 붙어 다녔어요. 제가 어렸을 때는 그런 걸 모르는데, 한 초등학교 고학년 때부터는 제가 그런 거를 많이 느끼는 거예요. 초등학교 때는 항상 동생을 봤어요, 제가. 엄마는 학교 빠지고 애기 보라고 그러니까. 그니깐 그냥 업고 개울 가서 빨래도 하고 집안일하고 그러는데, 학교 갔다 오면[온] 친구들이 "너 집에서 놀면서 학교 안 왔다"고 다음 날 학교 가면 선생님한테 일르고 그랬거든요.

근데 우리 윗집에 저만 한 친구가 있었어요, 또래가. 그 친구네도 [형편이] 저희랑 똑같아요. 지금도 생생해. 그 친구랑 초등학교 6학년 때 학교를 항상 같이 갔어요. 아래위 집에 사니까 학교를 항상 같이 가고 올 때도 같이 오는데, 친구랑 6학년 때 그런 기억이 나요. 학교를 갈 생각은 안 하고 "야, 우리는 서울 가서 돈 벌자, 학교 졸업하면" 그러면서, "열심히 벌어가지고 엄마, 아버지 갖다주자" 요만한 것 둘이서 그랬어요. 그게 기억이, 항상 안 잊혀요. 그렇게 말한 기억이.

근데 이제 중학교를 갔는데, 중학교 가면서는 내 머리가 점점 더 뜨이잖아요. 중학교 가면서 그게 눈에 보이는 거예요. 봄이면 엄마가 아버지랑 여기저기 돈을 빌리러 다니는 거야. 그래 놓고는 우리는 중학교 육성회비를 못 내가지고 빚 얻어서 대납하고. 농사 지을 거 그때그때 또 빚져서 하고. 가을 되면 남의 집들은 추수를 금방 해요. 내가 항상 우리 엄마한테 그랬어. "우리는 농사를 참 힘들게 짓는다"고 내가 그랬거든요. 지금은 그런 게 없는데, 짚으로

둥그렇게 [엮어서] 마당에다 해놓고 벼를 다 빻아가지고 거기다 갖다 넣는 거예요. 그거를 통가리라고 그랬나? 하여튼 그랬어요. 볏짚으로 다 엮어가지고 마당에다 크게 해놓는 거예요. 돈 많은 집들은 그거를 몇 개씩 해놓는 거야. 그래 놓고는 뿌듯하게 그거를 처다보는 거야. 그런데 우리는 [벼를] 논에서 거두지도 못했어요. 그래서 어느 해는 12월에 눈이 일찍 오면 그거를[벼를] 다 덮은 거예요. 그럼 또 가서 말려놓은 거 눈 털고 양지바른 데다 널고 그러면 그게 녹으면서 달라붙고. 아침이 되면 또 착 달라붙어서 있고. 얼마나 고생스러워요, 엄마, 아버지가.

면담자　　추수를 빨리하지 못하셨던 거는 일손이 부족해서 그런 건가요?

혜경 엄마　　일손 부족한 것보다도 일꾼을 사야잖아요.

면담자　　직접 다 하시려다 보니까.

혜경 엄마　　그렇지. [일꾼을] 사야 되는 것도 그렇고, 많지는 않은 논이지만. 저희는 또 수렁논이라고 한 군데가 물이 항상 있어. 그러니까 힘든 거야.

면담자　　논 자체가 일하기 편한 논이 아니라 안 좋은 논이었구나.

혜경 엄마　　네. 그러니까 항상 고생이에요. 그래서 내가 "우리는 왜 빨리 안 하냐", 맨날 추울 때 탈곡하고 그러니까 "왜 우리는 힘들게 하냐"고 그랬더니 엄마는 아버지 핑계, "아버지가 빨리빨리 안 해서 그렇다" 그러더라구요. 어쨌거나 저쨌거나 추울 때 겨울 초입에도 해놓으면, 마당에다 크지는 않지만 통가리를 해놓으면 저도 좀 마음이 내리더라구요[놓이더라구요]. 그런 거를 중학교 때 깨달으면서. 엄마랑 아버지도 될 수 있는 대로 절약을 많이 하시면서 사셨거든요. 아이들 4남매 키우니까, 딸 둘, 아들 둘.

면담자   어머님이 첫째?

혜경 엄마   네. 제가 첫째고 밑으로 남동생, 여동생, 남동생. 그래 가지고 4남매 키웠는데. 연년생이에요, 제 바로 밑에 남동생은. 그러니까 둘 중학교 보낼 때는 생활해야지, 농사지어야지, 아이들 부가적으로 교육비 그거, 육성회비 들어가지 그러니까 돈이 더 들어가니까 더 힘들어하시더라구. 그러니까 제가 중학교 때 수학여행을 가야되는데 안 간다고 그랬어요. 육성회비도 저는 항상 늦게 내요. 만약에 내일까지다 그러면은, 처음에 고지서 나왔을 때 "엄마, 언제까지야" 그러고 한 번도 말 안 해요, 달라고. 그러다가 학교에서 "언제까지입니다" 중간중간 그러면은 엄마가 그 날짜는 기억하고 계셨다가 마지막 날 어떡해서든지 해서 주시고 그랬거든요.

수학여행도 안 간다 그랬는데, 엄마가 그래도 가라고 그래서. 뻔하죠 뭐, 남의 돈 가져왔으니까. 그래서 그때부터 '꼭 돈을 빨리 벌어야겠다' 그런 생각이 항상 있었어요. 중학교 때는 '빨리 중3을 마치고 그냥 공장이라도 갔으면' 생각을 했어요. 그때는 공장이 많으니까, 지금보다야 훨씬 많았으니까. 엄마는 그런 데 보내는 걸 또 싫어하시더라구요. 당신이 고생해도 고등학교까지만이라도 보내고 싶어 하시더라구요. 사람이 다 욕심이, 그런 거 보면 있는 것 같아요. 전 또 저 나름대로 이왕 고등학교 보내줄 거면 인천으로 간다고 그랬어요.

면담자   강원도에서 인천까지?

혜경 엄마   아뇨. 경기도에서.

면담자   아, 경기도 연천이라고 그러셨죠.

혜경 엄마   인천으로 가겠다고 그랬더니 엄마가 방을 얻어줄 돈이 없다는 거야. 비룡대교 [쪽에 있는] 우리 집에서 다시 넘어오면 적성면이거든요? 거기 종합고등학교가 있었어요. 그러니까 엄마는 "차라리 통학하고 집에서, 거기를 가라. 그래도 거기가 공립이니까, 공납금이 싸니까". 근데 저는 "나는 시골 학교가 싫다. 나는 인천여상을 가겠다. 가서 좋은 데 취직을 하겠다" 그랬어요. 왜냐면 우리 중학교 선배들이, 잘하는 선배들은 인천여상 가고 인천에 중앙여상 가고 그랬거든요. "나도 그리 가겠다" 그랬더니 엄마는 "안 된다"고 그래서 제가 그랬어요. 그러면 나는 그냥 실업계를, 한일합섬이 그때 야간고등학교 있고 일하고 그랬거든요. "나는 그리로 가겠다, 수원으로" 그랬더니 엄마는 그것도 안 된대. "일 시키면서 뭐가 되냐?"고, "그러니까 엄마가 고생하는 게 낫다".

그래서 적성[면]으로 학교를 가게 됐지. 통학하면서 아둥바둥하면서 했어요, 제가 맏이기 때문에 집안 사정을 뻔히 아니까. 아둥바둥하면서 '어떡해서든지 나는 졸업을 해서 좋은 데 직장을 구하는 것밖엔 없다' 했는데, 종합고등학교라 인문계랑 상과가 있었어요. 문과가 한 반이고 상과가 세 반 있었거든요. 근데 시골 학교니까 아무래도 시내[에 있는 학교]보다는 정보도 좀 그렇고[부족하고]. 제 생각도 그랬어요, '배우는 것도 좀 그렇겠지'. 또 전문적인 상업학교도 아니고 그래서 그냥 취직할 목적으로 상과를 [선택]했는데, 쪼그만 무리 속에서 그래도 제가 톱[일등]을 했어요. 학교가 워낙 낙후지역이니까는. 제가 3회 졸업생이거든요. 1회, 2회는 은행에를 취업된 사람이 없어요, 상과를 나왔어도. 근데 저희 때 교장 선생님이 참 발이 넓으시고 유명한, 좀 훌륭하다고 그래야 되나 그러신 분이 오셨어요. 은행에 아시는 분들이 많더라고. 그래서 저희 때 은행에 원서를 접수하게 됐어요. 〈비공개〉 서울신탁은행은 우리가 가서 시험을 봤어야 되는 거거든요. 근데 서울신탁은행을 [응시]했는데 안 됐어요. 시험을 가서 봐서 안 됐고.

그러다가 교장 선생님이 불렀어요. 불러가지고 "다음에 기회가 되면 어느 은행에 가고 싶냐"고 해요. "한일은행에 가고 싶다" 그랬더니, "왜 한일은행을 가고 싶냐"고 해서 "딴 데보다는 한일은행이 괜찮은 것 같다" 하면서 교장 선생님이랑 둘이 면담을. 〈비공개〉 졸업해서 제 나름대로 시골에 농협에 응시를 해서, 농협에 직장을 다니게 됐거든요. 집에서 엄마는 잘됐다고 그러거든요. 집에서 농협

혜경 엄마 유인애

에 다니니까 힘들지 않고, 몸 힘들지 않고 엄마랑 같이 있고.

면담자   처음에 지원하셨던 신탁은행은 어디에 있었던 건 가요?

혜경 엄마   서울.

면담자   서울로 가서 다니시는 거고.

혜경 엄마   그래 가지고 고모부가 되게 좋아했거든요. 우리 막내 고모부가. "그래도 집안이[에] 은행원 있네" 이러면서 가서 시험 잘 보라고 그랬었는데, 내가 실력이 안 되는데 어쩔 수 없지. 고모부한 테 "시골 학교에서 한 번 봤던 걸로도 만족해야지" 그랬었거든요.

〈비공개〉

혜경 엄마   근데 시골 농협이니까, 이런 중앙회 농협이 아니고 단위 농협이니까 급여는 적지만 나는 엄마랑 같이 있으면서 엄마 일 도와주고 그러니까 엄마는 좋지, 같이 있으니까. 제가 아침이면 새벽같이 가서 빨래해 오고 그리고 출근을 했어요.

면담자   빨래는 어디 가서 하셨어요?

혜경 엄마   개울 가서.

면담자   개울 가서? 두드려서?

혜경 엄마   네. 아침에 일찍 새벽에, 엄마 밥하실 때 일어나서 개울 가서 빨래해서 해놓고. 엄마[가] 밥해놓으시면 밥 먹고. 난 출근했다가 또 점심 때 와서 청소 싹 해놓고, 밥 먹는 건 둘째 치고. 내가 해놔야 엄마도 편하고 또 나도 늦게 와서 하려면 그렇고. 늦게 오면 또 먼저 온 사람이 밥해놔야 되니까. 그때부터 '내 앞길에 이런 게[힘든 일이] 참 많은가 보다'. 이게 걸림돌이라고는 생각은 안 하고, 그냥 '나는 조금 자갈길이 많은가 보다, 내가 살아가는 길에'. 왜냐면 원래 가진 게 없으니까 집안이. 내가 집에서 다니니까는 [돈이] 차곡차곡은 모이잖아요. 그래서 엄마를 많이 [도와드렸어요]. 음…, 한꺼번에는 엄마를 돈을 안 줬어요. 제가 꼬박꼬박 모아서 명절 때만 상여금 나오면 드리고, 거의 다 저축을 했어요.

그래서 시집갈 때 엄마한테 돈을 1000만 원을 드렸어요. 그러니까 엄마는 좋아하지. 땅을 사라고 그랬는데, 엄마가 땅을 안 샀어요. 왜냐면 우리 아버지가 술을 참 좋아하세요. 우리 아버지가 사실은 술 때문에 돌아가셨는데. 빼짝 말라가지고, 술, 담배를 좋아하시는데. 아버지가 그나마 일하시던 거를 제가 직장 다니니까 딱 손을 놔버리신 거야. 그래서 내가 "아버지 딴 데서 술 먹지 말고 집에서 사다 놓고 집에서 드시라"고. 근데 사람이 자기가 좋아하는 거를 못 끊잖아요, 쉽게. 잠깐 끊다가도 못 끊으시더라고.

우리 아버지도 환갑도 안 되어서 돌아가셨거든요. 내가 아버지 보내놓고 봄이면, 우리 아버지도 봄에 돌아가셨는데, 4월에 돌아가셨는데. 가끔가다 1년에 한 번쯤 새순 나올 때면 아버지 생각이 많이 나더라구요. 그래서 우리 엄마한테 전화하면 "왜?" 이래. "그냥" 그러면서 아버지 얘기하면은 "뭘 생각하냐"고. 내가 아버지한테

"술이 그렇게 좋으냐"고 "조금 건강하게 살면 좋지 않냐" 그러니까 "술은 못 끊는다"고 그러시더라고. 저는 오히려 계기가 참 잘됐어요. 내가 직장 다니면서 남동생 고등학교 마치게 해주고, 그다음에 여동생 하나 의정부로 학교 가면서 전세방 얻어주면서 3년 내내 가르쳐주고.

면담자   여동생은 의정부 어느 학교로 갔나요?

혜경 엄마   의정부여고. 제 여동생도 공부를 잘했어요. 내가 항상 그래. "우리 집에서 제일 잘하지?" 그런데 남동생도, 바로 밑에 남동생도 잘했는데 그래도 여동생이 제일 잘했어요. 의정부여고 가서 걔도 대학을 가고 싶은데[싶어했는데] 제가 그랬어요. "나는 너 고등학교까지만 가르칠 거야. 대학 안 가르친다"고 그랬더니, 대학을 그렇게 가고 싶어 하더라구. 어느 날 한 날은 연락이 안 된 거야. 학교에서 전화가 왔더라구. 이제 혼자 바람 좀 쐬었나 봐요, 대학을 못 가니까. 구슬렸지, 엄마가. "언니가 오빠도 한 해 가르치고, 언니 직장생활 하면서 오빠도 마저 학교 가르치고. 또 3년 내내 시내에서 그렇게 가르쳤는데, 이제는 네가 돈 벌어가지고 막내 걔 공부 가르치라"고, 고등학교. 엄마가 그런 거야. "언니보고 다 하라고 할 수 없지 않냐"고. 그러니까 내 동생이 막 울면서 "쪼그만 자기한테 돈 벌어가지고 동생 공부 가르치라고 한다"고 걔는 막 울었대요, 우리 엄마한테.

그래 가지고 내 동생이 고등학교 졸업하자마자 공무원 시험을 본 거예요. 그때 당시에는 공무원밖에 없다고 생각한 거예요. 왜냐면 여상을 나왔으면 괜찮은데 그것도 아니고 문과를 나왔으니까. 그래서 공무원 시험을 봤는데, 연천군 관내에서. 저는 그거를 나중에 알았어요. 그러니까 [공무원이] 이제 됐어요. 돼가지고 집에[이] 있는 소재지로 발령이 났어요. 그래서 다니는데, 사람이 참 여기저기 얽혀서 알게 되더라구요. 저는 농협을 다니는데 농협에 제 동기가 어느 날 놀러 갔다가 얘기를 하는데, 그 동기가 그러는 거야. 자기 동생도 내 동생이랑 동갑인 거예요. 근데 지 동생 얘기를 하면서 "야, 연천군 관내에 여자 한 명 뽑는데 백학에서 나왔대" 이러는 거야. 그래서 "네 동생 몇 살인데?" 그랬더니 내 동생이랑 똑같아요. 그래서 "그 여자가 내 동생이야" 그랬어요. 그전에 그러는 거야. "실력이 대단하지. 한 명 뽑았는데 백학에서 됐다는데" 이러는 거야. "그래?" 그래 놓고 "내 동생인데" 그랬거든요.

나중에 내 동생한테 [내 동기가] 그랬다는데?" 그랬더니 "맞어" 이래서 "근데 왜 얘기 안 했니?" 그랬더니 "그런 걸 뭐 얘기를 해". 내 동생은 그래요. 내가 그때 내 동생한테 "넌 대학을 가긴 갔어야 됐나 보다". 그래서 야간대학이라도 가라고 하니까, 사람이 그렇잖아요. 한 군데 안주하면은 더 이상은 안 보는 거 같아. 내 동생도 "여기 있다 보면 적응하겠지" 그래 놓고는. 걔가 제일 잘된 거 같애. 지금 쭉 다니고 있거든요.

면담자   공무원으로 그때 어디에 발령을 받은 거예요?

혜경 엄마　　거기 우리[집이 있는] 백학면사무소, 면 소재지에 됐다가 이제 고 연천군 관내에서 돌잖아요. 지금은 군청에 있는 지 꽤 오래되었어요. 그래서 내가 만났을 때 "야, 이왕이면 너도 면장은 해야 되지 않냐?" 그랬어요. 그러니까 "언니, 그게 얼마나 어려운데" 이래. 그래서 "왜?" 그러니까 "그거 엄청 어려워. 나는 안 돼". 그래서 "그래도 한번 해봐" 그러니까 "됐어, 그런 건 관심 없다"고. 내 동생이 그때 당시에는 싫다고 그랬는데, 제부가 그래요. 제부도 같이 공무원인데, 세무 쪽이거든요. 제부가 "처형, 우리 집 사람이[을] 자기보다 더 알아준다"고, 직장에서. 그래서 내가 "원래 ××이가 우리 집에서도 제일 똑똑하다"고 그랬더니 제부가 그러더라고. "여자는 공무원이 최고인 것 같다"고, 옛날에는 별 볼 일 없어했는데. 지금은 "처형, 공무원 얼마나 좋은지 아시죠?"이래서 "그럼 알지" 그랬거든요.

　　그렇게 해서 동생 보내놓고, 제가 그 당시에 직장 다니면서 동생들한테 그랬거든요. 시집, 장가 갈 때 1000만 원씩 아버지 해주고 가라고. 그때 당시에는 이율이 많으니까, 제가 이율을 따져보니까 엄마, 아버지가 용돈은 쓸 수 있을 것 같아요. 이렇게 변할 줄은 몰랐지(웃음). 그래서 '요고 가지면 그래도 엄마, 아버지 용돈은 쓰겠다, 두 분이' 그랬는데 아유, 우물 안 개구리야. 그런 시대 변화는 생각도 안 하고. 내 동생은 고마워요, 그래도. 여동생이 엄마한테 2000만 원 해주고, 집도 수리해 주고. 여동생이 더 많이 해줬지(웃음).

〈비공개〉

면담자   초등학교 때는 어머니가 "학교 가지 말고 동생들 봐라" 그러셨지만, 어려운 형편에 딸인데도 중학교, 고등학교까지 다니라고 빚까지 져서 보내셨어요. 사실은 "돈이 없으니까 공부하지 마라"고 하실 수도 있잖아요. 그런데 어떻게 어머니가 그런 생각을 하셨을까요?

혜경 엄마   그러니까 우리 엄마가 교육열은 있었던 것 같아요, 교육열은.

면담자   자라면서 내가 딸이어서 아니면 밑에 아들에 비해서 기회가 적거나 그런 건 없었나요?

혜경 엄마   아니, 그건 없고. 우리 엄마가 당신도 못 배웠잖아요. 우리 엄마도 초등학교도 못 다녔대요. 그러니까는 글을 쓰고 그러는 게 서툴지. 읽기는 읽어도 쓰는 거는 이제 서툴지. 엄마가 그런 것도 한이 많아요. 우리 엄마도 8남매에 둘짼데 큰딸이에요. 맨날 동생들만 봤대요. 그리고 집안일만 한 거야. 그러니깐 엄마가 그게 한이지, 못 배운 게. 그래서 우리 엄마가 "나도 배웠으면 이렇게 살지는 않을 텐데" 그런 말씀을 가끔 하셨거든요. 당신에 대한 그거를[한을] 딸들한테 안 해주고 싶은 거지. 그래도 조금 배우면 나으니까. 안 배운 거보다는.

면담자   딸들도 교육하는 거에 대해서 아버님은 어머님이랑 같은 생각이셨나요? 아니면 아버님은 좀 반대하셨나요?

혜경 엄마　　　아니요, 우리 아버지도 똑같이. 왜냐면 당신들처럼 고생하는 게 싫어서. 시골 농사일이 엄청 힘들잖아요. 비 오면 비 와서 걱정, 또 가물면 가물어서 걱정이니까. 힘드니까 당신네들처럼은 고생 안 하고 살았으면 하는 거를 가끔씩 얘기했어요. "이렇게 농사짓고 살지 말라"고.

면담자　　　어머님은 성장 배경이 경제적으로는 좀 불우해도, '딸이지만 아들하고 똑같이 교육을 시켜야 한다'는 생각을 가지신 부모님의 지지를 받으셨던 거네요.

혜경 엄마　　　교육은 그런데. 제가 우리 혜경이 이러고[보내고] 나서 한 2년 정돈가 엄마한테 안 갔어요. 갈 엄두도 안 나고 그래서 엄마한테 "엄마 그냥 안 간다" 그러니까 엄마는 이해를 하시지. 제가 혜경이 잃고 나서 [엄마] 집에 갔을 때 엄마한테 그런 이야기를 한 적이 있었어요. 우리 엄마가 아들을 엄청 위했어요, 큰아들을. 작은아들도 아니고 큰아들을 유독. 왜냐면 우리 엄마가 그러시더라구요. 나를 엄청 힘들게 낳았대요. 그러니까는 '이래서 죽는구나' 할 정도로 그렇게 아팠대요, 저를 낳고도.

면담자　　　어머님을 낳을 때요?

혜경 엄마　　　낳을 때도 힘들었는지는 모르는데, 제 위로 하나 잘못되고 저를 낳았는데. 저 낳을 때도 힘들었고, 낳고 나서 엄청 엄마가 아프셨나 봐요. '이제 죽는 거구나' 그렇게 생각을 하셨나 봐요. 그러다가 어떻게 금방 아이가 들어선 거야. 사실은 제가 63년

생인데 65년생으로 되어 있어요. 2살이 줄었어요. 제 남동생은 1살이 줄고. 왜냐하면,

면담자   그러면 동갑처럼 되어 있는 거겠네요?

혜경 엄마   아니요. 원래 연년생이에요. 근데 1살, 지금은 1살로 되어 있지. 저는 2살 줄고, 내 동생은 1살이 줄었으니까.

면담자   어머님은 63년생인데 65년생으로 되어 있고, 동생은 원래 연년생인데 64년생일 것 아니에요.

혜경 엄마   아, 그럼 내 동생도 2살 줄은 건가? 학교는 한 해, 한 해 똑같이 1년 차이로 다녔는데?

면담자   어머님은 몇 월생이신데요?

혜경 엄마   63년 12월.

면담자   동생은?

혜경 엄마   1월.

면담자   어머님이 2년차로 미뤄졌는데 1월생이니까 하나 당겨서.

혜경 엄마   그니까 [내가] 63년 12월에 태어났는데 애가 바로 들어선 거야. 예전에는 딸을 낳으면, 어쨌거나 딸이건 뭐건 금방 출생신고를 안 하잖아요. 엄마 말이 그래요. 안 하고 있다가 애가 생긴 줄도 모른 거야, 저를 낳고. 근데 앞집 아줌마가 맨날 그랬대요.

앞집 아줌마도 아이를, 큰애가 나랑 동갑이고 둘째가 내 남동생보다, 남동생이랑 똑같나 그런가 봐요, 거기도. 근데 그 아줌마가 그랬대요. 울타리에 쪼르르, 봄에 따뜻한 데 앉아 있으면 "저 여편네는 맨날 저렇게 힘들어해. 애도 안 가진 여자가 꼭 애 가진 여자처럼 그런다"고. 그러면서 자기가 오히려 애를 가졌는데 "나는 안 그러는데" 그러더래요. 우리 엄마는 표시가 안 났나 보지. 근데 그 아줌마보다 먼저 낳은 거야, 우리 엄마가. 다음 해 1월에 가서 남동생을 낳은 거예요. 그러니까는 덜커덕 낳았는데 저는 출생신고도 안 했잖아요. 그래서 가가지고 다달이 낳았다고 그럴 수가 없잖아. 그러니까 그렇게 밀렸다고 그러더라구요, 엄마가.

면담자　　　어머님[혜경 엄마]이 63년 12월에 태어나시고, 동생은 65년 1월에 태어나셨나 보네요.

혜경 엄마　　그렇죠. 네, 네.

면담자　　　그런데 어머님이 65년 12월로 등록이,

혜경 엄마　　65년 1월 5일로 등록이 되어 있고,

면담자　　　동생이 나왔을 때.

혜경 엄마　　동생은 고 다음 해, 그렇게 된 거지. 아들 낳고 우리 엄마가 그렇게 좋았대요. 그리고 동네에서, 저희는 수색부대가 엄청 많아요. 동네 사람들이 "아유, 수색부대에 대장감"이라고 남동생을 그렇게 표현을 했대요. 그니까 엄마가 기분이 너무 좋은 거야. 그리고 딸을 낳았더래 가지고 좀 그게 있나 봐요, 외아들 집에서 그래도 처음에 아들 낳아야 하는데. 그래도 아들 낳아가지고 좋아 가지고. 우리 엄마가 항상 그래요. 내가 미역국을 그렇게 맛있게 먹은 게 생전 없대요, 그 아들 낳고.

면담자　　어머님 낳으실 때는 딸이어서 더 아팠었던 거 아닐까요?

혜경 엄마　　(웃음) 모르겠어요. 몸이 아프고 그러니까. 그리고 내가 자꾸 엄마한테 달라붙고 울고, 당신은 몸 아프고 그러니까 귀찮았다 그러더라고. 그리고 애가 들어서면 젖이 안 나오는지 몰라도, 저는 못 먹었대요. 그러니까 엄마가 남동생 낳고 나서 [저를] 고모 등에 업혀서 내보내고, 울면은 밥물 끓여서 밥물 멕이고. 그러니까 엄마가 항상 "미안하다"고. 우리 혜경이 보내놓고는 더 "미안하다"고. "우리 큰딸이 제일 불쌍하다"고 엄마가 항상 그러거든요. 엄마가 그래요, "저게 이담에 사람 노릇을 할까?" 그랬대요. 못 먹이고 당신 품에서 못 있게 하고 그래 가지고. 그래도 그냥 잘 커줘서 이제 저기 하다고[다행이라고] 그래.

엄마가 키울 때도 보면, 제가 지금도 기억이 생생해. 엄마 방에 들어가면 엄마가 제 남동생만, 그 영양제, 원기소라 그랬어요. 그거를 옷장에다 넣고 감춰놔요, 깊숙이. 그리고 남동생만 줬어요, 원기소를. 근데 제가 한 날 그거를 본 거예요(웃음). 그 방에 군불 때는데 옆에 있다가 그거를 본거야. 그래 가지고 엄마 없을 때 몰래 들어가서 몇 번 꺼내 먹었거든요. 그리고 항상 누룽지. 누룽지를 자주는 안 긁어요, 우리 엄마가 맨날. 이런 얘기도 제가 지금 수 필을 쓰고 있는데, 다 내용에 있어요. 우리 엄마가 누룽지를 긁으면 맨날 그래. "이거 긁으면 부자 안 된다"고, "그래서 안 긁어야 되는데" 이러면서 어쩌다가 한 번씩 하면은 누룽지를, 네 개를 아침에 사이에 딱 놔요. 그러면 남동생 것, 제일 밑에 큰아들 것은 되게 커요. 다른 사람은 쪼그매. 근데 아무도 말 안 했어요. "왜 쟤 것만 커?" 그런 말을 안 했어요. 항상 그러니까 '그냥 그런가 보다' 하고. "넌 왜 그렇게 많이 먹어?" 뺏어 먹고 그런 것도 없고 그냥 놓인 대로 자기 것만 가져갔거든요.

근데 제가 우리 혜경이 이러고 나서 어느 날 집에 갔을 때 우리 엄마가 "우리 큰딸이 제일 불쌍하다"고. "잘 먹이지도 못하고 엄마 품에도 잘 못 해주고 그랬는데, 자식까지 그래서 많이 안쓰럽다"고 그러는데. 내가 그런 얘기할 때 그랬지. "엄마 기억나? 그거, 나 원기소 몇 번씩 훔쳐 먹었는데" 그랬더니, "그거 알았어?" 이래. 그래서 "그럼 왜 몰라" 그랬더니, 남동생이 "엄마는 큰형만 알잖아. 누룽지도 형 것은 이따만하고 우리 셋은 쬐그맸잖아" 그랬더니 "니네들 그거 다 알았어?" [하서서] "알아도 얘기는 안 하지" 그랬는데, 우리 엄마가 그러더라구요. "아들이 뭐라고 왜 그랬는지 모르겠다"고 엄마가 그러시더라구. 지금도 그렇지만 남아선호사상이 유독 깊었으니까.

우리 엄마가 가끔가다 그래요, 아프면. 당신 몸 아프고 그러니

까는 "아프지 말고 잘 식구 거느리고 있으라"고. 제가 우리 엄마한
테 그랬어요. "엄마한테 내가 정말 고마운 게 있다"고, "그게 뭐냐
면 나를 정말 튼튼하게 낳아줬다"고. "내가 이렇게 힘들고 그래도
다 극복하게끔 잘 낳아줘서 고맙다"고. "그래도 엄마가 유일하게
나한테 재산 넘겨준 거는 건강밖에 없는 것 같다"고 그랬더니, "그
게 뭐 고맙냐고, 아프지 않고 지내면 건강한 거지" 그러더라구요.
제 또래들 보면 "어디 아프다, 어디 아프다" 그러는데 건강은 그래
도 타고는 난 것 같아요.

7
결혼 및 안산에서의 초기 생활

면담자　　　직장을 다니시다가 혜경 아빠를 만나신 건가요?

혜경 엄마　　그렇죠. 제가 시골에 농협에 근무하니까, 그 근처가
면 소재지니까 거기에 면사무소, 농협 그러니까 관공서라 그래야
되나 우체국 그런 건 다 있어요. 버스 정류장 그런 터미널까지. 그
러니까 그 인근에 밖에 있는 리[里]에 사시는 분들이 전부 다 와요.
농협도 거기 거래하고, 하다못해 비료 그런 것 사는 것도 다 와야
되니까. 그런데 노곡리라는 곳에 혜경이 아빠 고모부, 고모가 사셨
어요. 혜경이 아빠는 양주군이 고향인데 경신리라고. [혜경이 아빠]
작은 고모가 거기로 시집을 오셨는데, 고모부가 저를 보고 며느리

를 삼고 싶어 했던 거야. 고모부네가 상당히 부자예요. 엄청 부자야. 나를 며느리로 삼고 싶은데, 삼지를 못하는 거야. 같은 유[柳]씨인 거야. 종씨에다가 또 항렬도 똑같아요, 저랑. 그러니까는 며느리로 못 삼는 거야.

그래서 처조카를, 얘네 아빠가 장가를 안 가고 있었어요. 그러니까 얘기를 해서 고모부 소개로 [결혼] 했는데. 사실은 저는 고모부만 믿고 했어요. 왜냐면 부자니까, 상당히 부자니까. 나는 항상 그랬거든요. "나는 부잣집으로 시집갈 거야, 부잣집으로 가도 나는 맏며느리로 가고 싶다"고 그랬거든 엄마한테요. 그랬더니 우리 엄마는 "맏며느리는 힘들다"고 작은며느리로 갔으면 했는데, 전 항상 "난 부잣집 맏며느리로 갈 거야" 그랬는데.

면담자   왜 굳이 맏며느리로 가겠다고 그러셨어요?

혜경 엄마   제가 보니까 그래도 맏며느리는 뭐를 해도 표는 다 나요. 그리고 우대도 맏며느리. 그 당시에는 좀 그랬던 것 같아요. 그러니까는 "나는 맏며느리로 갈 거야". 그리고 부잣집으로 가면 맏며느리가 주관하는 게 조금 쉽지 않을까 싶어서 그렇게 고집을 했는데. 내가 고모부네가 부자인 거는 아니까, 그 집도[혜경이 아빠 집도] 그러겠지 생각을 했는데. 그 고모부 딸이 저를 아니까, 제 얼굴을 아니까 의정부에서 만나기로 한 거예요. 만나가지고 둘이, 애기 아빠랑 만났는데, 나는 조건이 있었어요. "다른 거 안 본다. 학벌이건 직장이건 그런 거는 안 본다. 단지 담배, 술 안 먹는 사람이

어야 된다" 제가 딱 그거를 [말]했어요. 우리 아버지가 [담배를] 너무 좋아해서 가지구. 제 몸에 담배가 배어가지고, 옷이라는 옷은 다. 학교 가면, 교복 입으면 애들이 "야, 너 담배 피우냐?" 그럴 정도였어요. 그래서 "나는 담배 피우는 사람 싫고 술 먹는 사람 싫다" 그랬어요. 첫마디가 그랬어요. 그랬더니 애기 아빠가 자기는 담배는 진짜 못 피우는데 술은 못 끊는대. 못 먹는다고 할 수 없대요. 직장 생활을 하면 회식도 있어서 먹기는 먹는데 끊지는 못할 것 같다고 그러더라구요.

근데 사람이 몇 번 만나다 보니까… 첨에 엄청 싫었어요, 혜경이 아빠. 첫인상이 조금 그랬어요. 그래서 그냥 데면데면했는데 혜경이 아빠가 꽃을 사준대요. 그래서 "싫다" 그랬어요. "난 꽃 싫다"고 의정부 시내에서, "그런 거 싫다"고. 그렇게 처음 만나고 했는데, 한 일주일마다 한 번씩 만났나? 하여튼 그랬어요. 저희가 5월엔가 만났는데 9월에 결혼을 했거든요? 엄청 빨리.

근데 사람이 콩깍지가 씌이는 때가 있나 봐요. 애기 아빠가 전화가 와서 "그날 만나자"고 그래서 제가 엄마한테 그랬거든요. "엄마 나 그냥 내일 가서 안 만나자고 그러고 올 거야" 그랬거든요. "왜 그러냐" 그래서, 저희 엄마는 키 큰 남자를 원해요. 그런데 혜경이 아빠도 쪼그매요. 저보다 쪼금 더 크거든요. "그냥 키 작으니까. 그래도 만났다고[만나나 보겠다고] 생각했는데 그렇게 나도 호감은 안 가는 것 같애" 그랬거든요. 그랬더니 "그래, 그러고 와" 했는데. 그날 사실은 안[그만] 만나자 그러려고 치마도 안 입고 바지 차

림으로 나갔어요. 근데 레스토랑에를 갔는데 그 불빛에 애기 아빠가 비치는데, 그날 애기 아빠는 작정을 하고 나왔더라구요. "결혼을 하자" 그러더라구요. 근데 그 불빛에 그 모습이 너무 예뻐 보인 거예요. 너무 예쁜 거야. 그래 가지고 제가 선뜻 "그러자" 그랬어요. 그날 여지[여태]까지 봤던 그 인상이, 그 불빛이 문제라 그래요. 저희가 지금도 불빛이 문제라고. 애들한테도 우리 애들한테도 그랬어요, 그놈의 불빛이 문제라고.

면담자   어디 있는 레스토랑이에요?

혜경 엄마   의정부에. "그러자[결혼하자]"고 그래 놓고는 가가지고 엄마한테 "엄마, 결혼하자고 그러는데?", "그래서 뭐라 그랬니?" 그래서 "그러자 그랬는데" 그랬더니, 엄마가 "뭐 안 만난다고 그러더니. 키도 쪼그맣다며" 그래요. "엄만 키 쪼그만 사람 싫다. 우리 집은 식구가 다 쪼그매서 남들이 그 집은 다 쪼그맣다고 하는 소리 듣기 싫다"고. "사위라도 큰 사람 얻어야 나중에 너 자식 낳으면 개중에도 큰 사람 나오지" 그러더라구요. 근데 어떡해, "좋다" 그랬는데. 이제 상견례를 한번 갔어요. 저는 그때 스물일곱이고 애기 아빠는 서른둘이었어요. 근데 애기 아빠는 늦었지. 저는 그래도 늦지는 않았는데. 상견례를 갔는데 집안 식구들이 다 좋아하는 거야. 그렇지. 장가 못 갈 줄 알고 있는 총각이었는데 가니까 다 좋아하더라구요. 그래서 '의외네' 그랬어요.

그러고 나서 그담에 저희 집에 애기 아빠를 데리고 갔거든요.

저희 애기 아빠가 울었잖아요. 그거를 나중에 저한테 얘기하더라구, 자기 울었다고. 적성[면]에 나와서 울었다고. 우리 엄마가 쳐다도 안 본거야, 너무 작다고 키가. 조그맣고 왜소하고. 근데 지금이 더 왜소하지. 그때는 그래도 단단한 거는 있었거든요. 조그맣고 왜소하고 그러니까 엄마는 싫은 거야. 그리고 시골에는 그런 게 있잖아요. "누구 집 사위는 훤칠하고 좋네" 그런 게 있어. 엄마도 그런 거 생각을 안 하지는 않은 거야. "인애 신랑은 조그맣네" 그런 소리 듣기 싫으니까는. 그러고 나서 고모들도 "괜찮은데, 인상 괜찮고 그런데 뭐 어떠냐, 마음만 착하면 되지" 그랬는데 엄마는 싫은 거야. 엄마는 [혜경이 아빠] 자체가 싫은 거야. 그래 가지고 엄마는 아예 부엌에서 들어오지도 않았어요, 갈 때까지. 고모들도 보기는 했는데.

애기 아빠가 후에 한 얘긴데 적성[면]에 나와가지고 공중전화로, 바로 위 동서하고는 왕래가 잦았었나 봐요. 그 형수한테 전화했대요. "나 처갓집 장모님 될 사람한테 완전히 찬밥 [취급]당해가지고 왔다"고, "얼굴도 안 비추고 그런다"고 그랬대. 동서가 그랬대. "솔직히 말해서 삼촌 볼 것 뭐가 있냐, 나이도 많고. 그렇다고 집 장만해 놓은 것도 아니고 솔직히 삼촌 볼 것 뭐 있냐"고. "키 쪼그만 것 맞지 않냐'고 그랬다더라고. 자기는 자존심이 상했지, 그래도 예를 갖춰서 왔는데 얼굴이라도 보고 나갔으면 괜찮은데 아예 엄마가 안 들어오니까.

근데 결혼 날짜를 그냥 잡았어요. 엄마가 하지 말라고 그러더라구요. 그래서 내가 우리 엄마한테 그랬어. "엄마, 엄마는 엄마 딸이니까 내가 예뻐 보이고 어디 내놔도 흠될 게 없지? 근데 엄마 생각해 봐. 엄마 딸도 키도 작고, 또 내가 인물이 훤하면 몰라". 제 동생은 참 이뻐요, 피부도 하얗고. "내가 ××이처럼 이쁘면 몰라. ××이처럼 이쁘지도 않고, 근데 엄마 [그 사람이나 나나] 똑같애. 가서 그냥 잘 살게, 싸우지 않고. 그 사람이 착한 것 같더라. 그러니까 가서 잘 살 테니까 걱정하지 말라"고 그러니까 우리 엄마가 쪼금 풀어졌어요. 쪼금 풀어져서 결혼을 승낙을 받았는데, 엄마가 그게 좀 듣기가 싫었던 거야. 결혼식 날 아줌마들이 "아유, 인애 신랑도 쬐그맣다"고, 그게 듣기 싫은 거야. 그래서 한 아줌마가 "아유, 쪼그마면 어떠냐, 착해 보이네" 그러니까 엄마가 이제 반반씩, 누구는 [작다고] 그러고 누구는 안 그런 거에 위안을 삼은 거예요.

결혼해서 애도 한동안 없고 그러니까 걱정도 많이 하고 그랬는데, 엄마가 지금은 그래도 예의 바르다고 [좋아하세요]. 외갓집 식구들이 애기 아빠를 엄청 잘 봤어요. 항상 예의 바르고 교육자 집안 자식 같다고, 하는 행동이. 그래서 애기 아빠가 신임을 많이 받아요. 엄마가 그래도 작은사위보다는 큰사위가 듬직하고 우리 딸 말썽 안 부리고 속 안 썩이고 살아줘서 괜찮다고, 지금은 그래. 동네 아줌마들이 "어느 집 사위는 오면 인사도 안 하고 그러는데, 이 집은 작은사위도 그렇지만 큰사위는 아주 깍듯하게 인사하고 그래서 잘 얻었다"고. 엄마가 지금은 많이 좋아하시지. 애기 아빠가 한 날은 그러더라고 "자기 자존심 많이 상했다"고. 고모부 소개로 그렇게 만났는데.

〈비공개〉

면담자   그러면 어머님은 농협에 언제까지 계셨어요?

혜경 엄마   저는 스물일곱까지. 결혼을 하면서 사무실에서 다른 데로 전보나 그런 걸 해준다 그랬어요. 그런데 저는 결혼만 하면 애가 생기는 줄 알고, 애를 누가 키워요. 나는 [시집]가면은 애기를 많이 낳을 거라 그랬거든요, 넷은 낳아야 된다고. "나는 애 키우고 싶다" 그랬지. 그래서 바로 그만 뒀어요.

면담자   그리고는 이사를 가신 건가요?

혜경 엄마   저희는 그러고 독산동에 살았어요, 신혼집을.

면담자   그때는 혜경 아버님도 면 소재지에 계셨나요?

혜경 엄마   아니요. 혜경이 아빠는 독산동에서 살면서, 직장은 구로공단에 있다가 안산으로 이사해서 독산동에서 안산으로 출퇴근하고 있었지. 고모가 근처에 살아서 [소개해 줬지요].

면담자   혜경 아버님은 연천이랑 전혀 상관없이 독산동에 계셨군요. 그러면 결혼하고 바로 독산동으로 가신 거죠?

혜경 엄마   그렇죠. 독산동에서. 우리 엄마가 더 울었던 게, 독산동에 살림집을 들어갔는데 반지하예요. [혜경] 아빠가 살던 반지하 집에 들어갔는데, 그냥 방 한 칸에 부엌 요만하게 있는 데니까 엄마가 너무 속상한 거야. 그 안에다가 짐을 다 넣은 거야. 방 한 칸에 장롱에 냉장고에 화장대. 그리고 나면 둘만 딱 누워. 그러니까 너무 속상한 거야. 엄마가 울면서 갔어요. 그때 짐 들어올 때도.

면담자　　고모부가 혜경 아버님을 소개해 줄 때는 사람이 좋아서 소개해 주신 건가요?

혜경 엄마　　좋은 거를 떠나서 일단은 결혼을 안 한 총각 조카가 있고, 자기 며느리를 삼을 수 없으니까 조카며느리 한다고 해준 거지.

〈비공개〉

혜경 엄마　　한 날 우리 라인에 있는 아줌마가 "앞집 새댁이 임신했대" 이러는데, 그 얘기를 듣는 순간 진짜예요. 불이 여기서, 불덩이가 치솟아 올라오는데 제가 1층에서 2층 올라오는데 엄청 힘들었어요. 그렇게 힘들 수가 없더라구. 저도 갈망하니까는 그런 게 느껴지더라구. 여기서 그런 게 치고 올라오더라구. 너무 속상한 거야. '아유, 남은 쉽게 되는데 나는 왜 이렇게 모든 게 다 힘든가' 싶더라구요. 그래서 저도 서울 제일병원에서 시험관 아기를 한 번 했었는데 그것도 잘 안 됐어요.

　　그래서 '그냥 있자' 그러고 있다가 안산 농협중앙회 파트타임이 정보지에 나왔더라구요. 그래서 거기에 이력서를 넣었지, 파트타임을. 제가 그래요. "사람은 어디 가서든지 나쁜 짓 하면 안 된다". 제가 거기 이력서를 넣었는데 면접을 보러 오라고 그래서 갔더니 거기 부지부장이 저 직장 다닐 때 감사 나왔던 사람인 거예요. 이 사람이 제 이력서를 보더니, 얼굴은 모르겠지. 이력서를 보더니 "어, 거기 농협이야?" [그러면서] 제 상사, 전무한테 전화를 넣은 거야. "이러이러한 사람이 우리 파트타임 이력서를 넣었는데 어땠냐, 근무할 때" 하고. 그랬더니 그분이 "걱정 말고 채용하라"고, "그 사람처럼 일 잘하는 사람 없다. 똑소리 나니까 걱정 말고 채용하라"고 그래 가지고 [채용이] 된 거예요. 거기를 6개월도 못 다녔어요. 다니면서 우리 큰애가 들어선 거예요, 큰애가. 너무 그거에[임신에] 집착하면 안 들어서는지. 일을 하면 들어서는 것 같애. 그래 가지고,

면담자   자연임신 하신 거죠?

혜경 엄마   네, 네. 들어서 가지고 거기 신용과장님께 제가 그랬어요. "죄송해서 어떡하냐"고, "몇 년 만에 애기를 가져서 그만둬야 될 것 같다"고. 왜냐면 버스를 타고 3, 40분 타고 오니까. 저는 처음, 애기를 오랜만에 가졌으니까 덜컹거리는 것도 겁나는 거야. 그래서 "그만둬야 될 것 같다"고. 그리고 제가 한 번 넘어졌거든요, 빗길에. 엉덩방아를 찧어가지고 엄청 불안해서 바로 병원 갔더니 "괜찮다"고 그러더라고. 그래서 "그만둬야 될 것 같다"고 "죄송하다. 몇 개월밖에 못 다녀서" 그랬더니, 고맙게도 저보고 끝까지 다니고 애기 낳으면 숙직실에 가서 눕혀놓으래. 자기네가 수시로 가서 볼 테니까 그냥 다니라는 거야. 말씀이라도 감사하다고 [그랬죠]. 미안하더라고요. 몇 개월 안 다니고 그만둔 게. 그 사람들도 사람 채용하는 비용이 또 그만큼 들었으니까. 근데 또 [채용]해야 하

잖아요. 그래서 미안해 가지고. 그래도 어떻게 해, 애기는 잘 낳아야 되는데. 그렇게 직장 다니니까 금방 생기더라구요. 저 큰애 낳을 동안 손 하나 까딱 안 했어요. 왜냐면 구부리면 애한테 이상 있을까 봐 아빠가 다 했어요. 집안일이건 뭐건.

면담자   임신했을 때부터 낳을 때까지요?

혜경 엄마   네. 쪼그리고 하는 건 금기, 서서 설거지만 하고. 진짜예요. 옷이건 청소건 빨래건 다 아빠가 했어요, 낳을 때까지.

면담자   아버님도 아이를 엄청 기다리셨나 봐요.

혜경 엄마   그렇죠. 애기 아빠가 저한테 얘긴 안 했는데, 돌 집에[아기 돌 잔치하는 집에] 가서, 그사이에 돌 집이 많았잖아요. 회사 사람들 그 집에 가서 그렇게 그랬대요. "나는 언제 이런 거 하나" 그렇게 하면서 "아유, 힘들 것 같다"고 그런 말을 했대요. 그런데 우리 큰애 낳아놓고 다른 사람이 그 말을 나한테 하는 거야. 하긴 뭐, 그사이에 제가 그런 말도 했거든요. "그냥 이혼할까?" 그런 말도 했었어요. 왜냐면 애가 안 들어서니까.

면담자   어머님이 문제가 있다고 생각하신 거예요? 아니면 검사를 해보셨어요?

혜경 엄마   아니, 근데 제가 '생리 주기가 불규칙하니까 그런가 보다' 생각을 하고, 제가 먼저 그랬어요. "그냥 우리 이혼할까?" 그런 얘기하고. 그럼 아빠가 "왜 그런 극단적인 생각을 하냐"고, "그러면 그냥 입양해서 우리 딴 데 멀리 가서 살까?" 그러더라구요. "애기 데려다 키우면 그래도 내 아이처럼 키우지 않을까, 갓난애기면". 근데 전 또 그게 싫더라구요. 선뜻 대답은 안 했지. 애기 아빠는 "내가 굳이 장남이 아니니까 그래도 될 것 같다"고 그랬어요. 그냥 나는 마음이 내키지가 않더라구요.

그래서 그런 얘기하다가 큰애 낳아놓고는. 아빠가, 저도 그렇고 오냐오냐 키운 거지. 큰애라면 벌벌벌벌 떨었지. 애가 어디 닳을까, 뭐 저기 하면은. 하여튼 햇수로 7년 만이에요. 큰아이를 한[낳은] 게. 우리 혜경이는 언니랑 2살 차이지만. 언니가 5월생이고 혜경이가 12월 생일이에요. 그래서 거의 30개월인가 차이가 나요. 나이는 2살 차인데, 혜경이가 또래 친구들하고 엄청 [덩치가 차이가 나요]. 워낙 작지만, 키도 작지만 차이가 많이 나요, 신체적인 것도. 그래 가지고 혜경이한테 조금 많이, 아이 자랄 때 좀 미안하더라고. 엄마나 아빠가 둘 중 하나 컸으면, 큰애 때는 그런 걸 모르겠는데. 아유, 둘 중 하나 컸으면 [혜경이가] 클 수도 있는데. 우리 두 애가 아프지는 않았어요. 병원 다니고 그런 건 없고 기껏해야 감긴데, 그래도 이상하게 신체적인 게 작으니까 미안하더라고. "많이 미안하다. 그래도 여자라 괜찮아. 너희들 남자였으면 어떡했니. 엄마가 더 속상했을 거야" 그런 얘기를 많이 하니까 애기 아빠가 "나도 지냈는데 뭐" 이래요. 그럼 제가 "그때랑 지금은 시대가 틀리다"고 [해요].

제가 그랬어요. "혜경이 아빠는 아들이 있었으면 할지는 모르겠지만 딸만 낳은 게 얼마나 축복인지 모를 거라"고, 딸만 있는 게.

내가 그때 그랬거든요. "딸 가진 부모가 앞으로는 더 좋을걸?" 그랬더니 "그걸 어떻게 알아, 아들 가지면 목욕탕 가서 등 밀어주고 그러는데" 그래요. 그 등은 집에서 내가 밀어줘도 된다고 그러면서 "딸이 좋은 거야" 내가 그랬거든. 아빠가 애들은 잘 맞춰줬어요. 같이 놀아주고, 다른 집 부모님들도 개중에 그런 부모님들 계시겠지만, 항상 퇴근해서 와가지고 아이들이랑 놀아줬어요. 늦게 와도 아이들 자기 전까지는 아이들 눈에 맞춰서 똑같이 놀아주고.

8
가족과의 시간

면담자   뭘 하고 놀아주셨어요?

혜경 엄마   애들이 소꿉놀이하면서 아빠를 앉혀놓고 머리도 묶고 그러면 아빠 머리 묶게끔 가만히 내버려 두고. 우리는 그거를 많이 했어요. 베란다에 보면 그 시간[퇴근 시간]이 되면 아빠 차가 들어와요. 그러면 셋이 다 숨었어요. 그러면 물론 어디 숨었는지 알지. 그래도 아빠가 한참 둘러보고 "못 찾겠다" 이래요. 그러면 애들이 소리 지르면서 "나 여기 있는데" 그러면서 나오면서 "바보같이 그것도 못 찾냐?" 이래요, 아빠한테. "너무 꼭꼭 숨어서 못 찾지" 그러더라구요. 그런 거, 술래잡기 놀이 해주고.

그담에 한번은 아이들을 기자 노릇을 시킨 거야. 그건 제가 갑자기

제안을 해가지고, 아빠가 범인 역할을 한 거야. TV에서 보면 가리고 나오고 그러니까, 그것도 제가 수필 쓴 거에 있는데, 갑자기 저녁 시간에 뉴스 화면이 나왔어요. '아, 오늘 저거를 한번 놀이를 해보면 되겠다' 싶어 가지고 아빠가 범인 역할을 하고 아이들이 기자 역할, 묻는 거. 아빠는 잠바를 뒤집어쓰고 방을 왔다 갔다 피하고, 내가 뒤에서 "야, 이렇게 이렇게 해" [지시]하지, 아이들한테. "아빠, 범인 얼굴 한번 보게 그것 좀 내리라" 그렇게 하면서 놀아주고. 윷놀이도 해주고.

면담자   주말 같은 때는 같이 어디 나가고 그랬나요?

혜경 엄마   제가 마사회 들어가기 전까지는 주말에는 넷이 항상 움직이고, 그 전에는 시골도, 친할머니 댁에 2주에 한 번씩은 꼭 갔었어요. [친할머니 댁에] 안 가는 날엔 아이들 공원 데리고 가고. 멀리 가는 거는, 자는 거는 휴가 때에 넷이서 가고. 그런데 제가 주말에 일을 가면서는 제가 못 가잖아요. 저는 휴가 때만 같이 동행하고 놀러 가고 주말에 대신 아빠가 두 딸 데리고 놀러 다녀요. 놀이공원이든지 아니면 계절별로 맛있는 거 먹으러, 저기 뭐 주꾸미 먹으러 충청도도 가고 그렇게 아이들 데리고 셋이서.

면담자   어머님이 투잡을 하시게 된 게, 처음에는 주말만 하셨던 거죠? 주말 일은 혜경이가 몇 학년 때부터 시작하신 건가요?

혜경 엄마   우리 혜경이 초등학교 들어가면서부터. 왜냐하면 초등학교 들어가면 '손이 좀 덜 갈 거다' 생각했어요. 왜냐하면 유치

원에 다닐 때는 그래도 내가 다니면서 하는 건 아닌데 그래도 챙겨
줘야 될 거 있고. 근데 '일단 초등학교 들어가면 혼자 할 수 있겠지,
학교 가니까' 그리고 초등학교 가면서는 내 손을 떠난 기분 있죠?
그런 거. 내가 군이 옆에서 안 놀아줘도 된다는, 그게 좀 잘못된 것
같았어요. 일단은 그래도 이틀 알바를 해서라도 아이들 대학 학자
금을 [모아야겠다고] 생각했어요. 왜냐면 아빠가 대기업이라면 학자
금이 나오겠지만 아빠가 그런 회사가 아니기 때문에 우리가 자체
적으로 마련을 해야 해서, 학원비라도 하면서 아빠 급여에서 조금
씩 떼서 학자금을 모아놓자 그래서 들어갔는데.

그런데 우리 혜경이 보내놓고 나서 혜경이 책상을 정리를 하다
가 우연치 않게 혜경이 일기장을 봤어요. 일기장이 1학년 때부터
6학년 때까지 쓴 건데, 그게 학년의 처음부터 끝까지 1년을 다 쓴
게 아니고 드문드문 쓴 게 1학년 때부터 6학년 때까지 쓴 내용이더
라구요. 근데 제가 1학년 때 거 보고 마음이 너무 아팠어요. 우리
혜경이가 1학년 때 입학하면서, 그때는 제가 주중에는 집에 있었는
데, 컴퓨터를 배우러 동사무소를 다녔었거든요. 사실 마사회 들어
간 게 컴퓨터 자격, 기기를 다루는 일인데 컴퓨터랑은 전혀 관계가
없는데도 컴퓨터를 좀 배워야 할 것 같아서 배우기 시작한 건데.
혜경이가 올 시간에 동사무소 가서 컴퓨터 할 시간이었는데, 우리
혜경이가 그때 쓴 게 있더라고요, 1학년 때 입학해 가지고. 자기가
학교에서 책을 받아가지고 왔는데, 체구가 작잖아요. 내가 항상 앞
베란다에서 둘이, 언니랑. 정문은 아니에요. 정문은 반대편에 있고

우리 집에서는 정문이 아니거든요? 근데 그 교문 있는 데까지 가는데 일직선으로 보여요, 저희 베란다에서. 우리가 사이드에 있어서, 12층에. 둘이 가는 거를 보면은, 끝까지 꼬부라지는 것까지 보거든요. 근데 혜경이가 체구가 작으니까 가면은 책가방만 보여, 책가방만 보여.

근데 혜경이가 그거를 써놓은 게 있더라구요. 책을 받아가지고 왔는데 그날따라 엘리베이터가 고장이 나서 1층부터 12층까지 올라왔대. 올라왔는데 현관문을 열고 들어서는데 집에 아무도 없더래. 자기가 너무 슬펐대. 자기 힘들게 올라왔는데 엄마도 없지 그래 가지고 너무 슬프다고. 그래서 그걸 보고 제가 막 울었어요. 그리고 큰애랑 그거 넘기면서 '엄마가 괜히 다녔나' 싶더라구요, 주말에도. 우리 큰애가 그때 일기장 같이 보면서 "아가"라는 말을 하더라구요. "엄마, 왜 나한테서 아가라는 말이 나오지?" 그러더라구요. 그래서 "없으니까 그렇지". 그래서 한동안은 큰애랑 나랑 혜경이를 아가라고 그랬었거든요. 내가 이거는 그냥 덮어놓고 "네가 갖고 있고 싶으면 갖고 있고, 그렇지 않으면 엄마가 나중에 엄마 있을 때까지만 가지고 있을게" 그랬지. 선하더라고. 교문께에서 아이들, 이사 오기 전에 입학식 날 아이들. 그게 떠올라요, 단지 내에서.

면담자   마사회에서 일을 시작하시게 될 때, 왜 주말에 일을 해야겠다고 생각하셨던 거예요?

혜경 엄마   왜냐하면 알바치고 좋았어요, 대우가.

면담자 　　　마사회는 과천 말씀이세요?

혜경 엄마 　　　과천은 실질적으로 뛰고. 화상경마라 그러지, TV에
서. 그런 지사가 여러 군데 있어요, 33갠가 지사가. 지금은 지사라
고 표현 안 하고 '레츠런', 표현을 영어로 했어요. 문화공감센터로
그렇게 얘기를 하더라고. 안산에도 있고 시흥에도 정왕역에도 있
고 많아요. 알바치고는 괜찮아요. 그런데 이제 돈을 잘 받아야 되
니까, 순간순간에 위험부담은 있지. 근데 재밌더라구요, 그 일이.
'진작 알고 왔었으면' 하는 그런 생각을 해요. 왜냐면 저희가 안산
에 살 때 사택에 살다가, 15단지가 근로자 아파트였거든요? 근로자
아파트를, 애기 아빠가 홀홀단신이어도 회사 근속 연수가 길어서
아빠가 됐어요. 가정 가진 사람보다도 아빠가 됐었거든요. 고기[거
기] 15단지 앞에 그게[마사회 지사가] 있었어요, 서울프라자 안에. 항
상 주말 되면 사람이 구름처럼 몰려나와요. '저기서 사람들이 왜 나
오지?' 그랬는데 알고 봤더니 거기에 그런 일자리가 있더라구요.
그래서 그거 소개로 해서 들어가서. 주말엔 그래도 아빠가 많이 채
워줬어요, 엄마 없는 부분을. 아빠가 많이 데리고 다니면서.

면담자 　　　아버님이 밥도 같이하시기도 하고, 요리도 하실 수
있고요?

혜경 엄마 　　　요리를 떠나서 하여튼 주말에 아이들 챙겨주고, 라
면도 끓여주고 나름대로. 대신 제가 반찬을 해놓고 갈 때도 있죠.
금요일에 반찬 해놓고 가면은 토요일 날 먹고, 그렇지 않으면 일요

일은 같이 나가서 외식하거나.

면담자　　　　토요일, 일요일은 아침부터 밤까지 하신 건가요?

혜경 엄마　　　토요일, 일요일은 6시까지.

9
직장 외 사회활동

면담자　　　　직장 외에 다른 사회활동을 하신 게 있나요? 예를 들
어서 동네에서 반장을 했다거나 종교 활동을 했다거나 학부모 모
임 같은 것들은 안 하셨나요?

혜경 엄마　　　저는 종교는 없어요. 근데 마음이 가는 거는, 엄마
영향이 있어서인지 절을 많이 갔는데, 혜경이도 절에다가 영가등
은 항상 해줘요. 그리고 초파일은 아빠랑 같이 가지. 큰애도 갈 적
있고. 근데 종교는 없고. 우리 아이들이 그게 있어요, 둘 다 똑같
애. 학부모 거기 들어오지 말래. "거기 들어오면 엄마 돈 많이 들어
간다"고(웃음). 우리 아이들이 "엄마 그거 하나도 하지 말라"고, "안
해도 되는 거"라고. 그러니까 아이들이 얘기를 안 해요. "엄마 오늘
학교에서 뭐 한대" 그런 얘기를 안 해요. 저도 사실은 그런 거 하고
싶은 생각은 없어요. 흔히들 안 가는 엄마들끼리 "그거 다 엄마 치
맛바람"이라고 그러는데, 초등학교는 진짜 치맛바람으로 매겨지는
거라고 생각해요. 왜냐면 시험 같은 거는 아니지만 아이들 과제물

같은 상은 다 엄마가 해줘서 받아오는 거거든요. 애도, 엄마 안 가도 시험은 그냥 [잘 봤어요].

우리 혜경이가 3학년 때, 아니 언니가 3학년 때고 혜경이가 1학년 때. 학교에서 급식 당번 돌아가면서 하라 그래서 한 번 갔을 때, 우리 혜경이가 좋아 가지고 저한테 얘기하더라구요. "엄마, 언니 오늘 시험 본 거 올백이래" 그래서 "어떻게 알았어?" 그러니까 "언니 만났어" 그러더라구요. 그래서 제가 굳이 그러지 않아도 우리 혜경이도 그랬어요. "엄마 오지 말라"고. 아이들이 성격이 다 틀리잖아요. 우리 혜경이는 그냥 있는 그대로 하는 성격이고, 우리 큰 애는 자기가 만들기 같은 거 과제물 못 하면 "엄마 이거 해줘" 이런 게 좀 있어요.

근데 학교에서 가족 신문 같은 거랑 방학 때 만들기가 있었는데 다 엄마가 해주지. 우리 앞집에 엄마가 [아이가] 큰애랑 똑같은 학년이었거든요. 근데 앞집 엄마가 "누구네는 최우수상을 타 왔대, 근데 걔가 다 했대". 그래서 내가 "무슨 걔가 해, 엄마가 다 해준 거야". "걔가 했다는데?" 그래서 "거짓말도 잘한다" 내가 그랬거든요. "그 엄마 거기 학교 활동하잖아. 그리고 엄마가 다 한 거야. 애 수준에 그게 지금 할 수 있을 거 같애? 못 해. 엄마들도 못 할 거다, 만드는 거" 그랬더니 "그런가?" 이래. "그럼 내가 시범으로 해봐?" 그래 놓고 제가 큰애 거를 가족 신문을 했어요. 금방 상 타 오지. 최우수상을 타 왔어. 그랬더니 앞집 여자가 "나도 좀 해주라" 이러더라구(웃음).

면담자	엄마가 도와줘도 바로 최우수상을 타진 않잖아요?

혜경 엄마   아니, 그러니까. 다른 엄마가 자기 딸이 해서 받았다는 거야. 그래서 내가 "엄마가 해준 거고, 엄마가 해도 못할 수도 있어" 그랬거든요. 그러면서 제가 "그럼 내가 해봐, 내가 당장 타오게" 그랬더니 "해봐" 이래. 우리 큰애 걸 했더니 최우수상을 타온 거야. 그러니까 "나도 좀 해주라" 이래. 그래 가지고 그 집 거를 내가 또 해준 거야. 그러니까 금방 상 타 오지. 만들기도 사실은 우리 혜경이는 그렇게 안 해줬는데, 큰애는 과제물도 제가 그렇게 해서 상을 타 왔거든요. 그래서 다 엄마 짓이야. 아이들은 이렇게 못해. 내가 우리 큰애 거 몇 번 해주고는 그 이후론 안 해. 왜냐면 굳이 해줄 필요가 없더라구요.

그래서 학교도 안 가고, 우리 혜경이가 고등학교 때도 그랬어요. 1학년 때도 "엄마 오지 마. 엄마 회사에서 오면 힘들어. 그리고 오면 돈 내라 그래. 그러니까 안 와도 된다"고. 그래서 혜경이도 학교 안 가고, 큰애는 더더욱 안 가. 혜경이는 그러다 보니까 [내가] 학교 엄마들을 잘 몰라요, 학교 활동에 안 가니깐. 기껏해야 아이들 키우면서 아는 거는, 오히려 아이들 어렸을 때 놀이터에서 만나고 유치원에서 만난 [엄마들]. 우리 아이들은 유치원만 다녔거든요. 제가 어린이집 그런 데는 안 보냈어요. 그냥 나랑 집에서 같이 놀고, 7살 때 1년만 유치원 가. 왜냐면 학교 적응하기 위해서 아이들 같이 사귀고, 그담에 유치원에 있던 친구들이 보통 같은 학교 가니깐. 단지 내에 있으니까. 아이들은 유아원 그런 덴 안 보냈어요. 유치원 한 해만 보내고, 다닌 건 피아노 학원 그거였지. 그래서 아는 엄마들은 단지 내에 유치원 엄마, 그 엄마들밖에 없어요. 놀이터에서 어렸을 때부터 나왔던 그 엄마들.

그니까는 고등학교 갔는데 엄마들을 하나도 모르는 거야. 거기 활동하는 엄마들은 자기네들끼리 아는 사람들은 있더라구요. 근데 우리는 안 했으니까. 그리고 내가 무관심했다고 생각하는 게 우리 혜경이가 몇 반이라는 걸 모르는 거야, 아빠도. 정작 [참사가] 일어났을 때 단원고라는 거만 들어간 거만 알지. 1학년 때 몇 반이었고 2학년 때도 몇 반인 거를 그거를 모르는 거야. 그리고 우리는 조금 그게 개방이라고 그래야 되나. 그거는 안 숨겼어요. 아이들[한테] "성적표 가져와" 이런 말을 안 했어요. 그냥 자기네들이 사인해서 가, 성적표 나오면. 초등학교 때도 학교에서 가정통신문 있으면 사인해서 가. 저는 한자로 제 이름 성만 사인하거든요. 우리 큰애가 별거 아니다 하는 거는 그냥 학교에다 사인해서 제출하는 거야. 근데 그게 버들 유라는 걸 알은 거야. 그래 놓고 한 날은 4학년 땐가 선생님이 칠판에다 한자를 버들 유를 쓰면서 "이게 무슨 자인[지 아는] 사람?" 하고 손 들라고 그랬대. 근데 우리 딸 혼자 손 든 거야. 그게 무슨 자냐니까 버들 유라고. 그래서 우리 딸이 엄마가 "그냥 사인해 가라" 그래 가지고 자기 그거는 안 잊어버렸다고 그러더라고. 그래서 우리는 그거를 좀 개방해 놨어요. 성적에는 구애를 안 했어요. 어차피 공부는 너네가 하는 거고, 엄마, 아빠가 대신 해줄 수도 없고.

그담에 제가 항상 그래요. 아빠한테도 그랬고 다른 큰애 또래 친구들 엄마한테도 그랬어. 솔직히 말해서 학교 다닐 때 공부 잘했냐고. 못하지 않았냐고. 특별나게 잘 한 사람은 없을 거라고. "특별나게 진짜 잘한 사람은 대학 가서 진짜 우리나라에 스카이[서울대, 고려대, 연세대] 그런 데 갔지 이런 데 안 있어" 내가 그러지. "집에 이렇게 안 있어. 다 전문적인 직업 가지고 있지" 내가 그랬거든요. 다 똑같아. 우리도 겪었잖아. 우리는 아빠도 그렇고 공부에는 구애를 안 했어요. 대신 토는 달았어요. "중간까지만 가라. 중간 밑으로 가면은 그건 성의를 안 보인 거니까". 아이들이 중학교 다니면서 영어는 배워야 되니까 저희도 영어학원은 보냈어요, 수학이랑. 그러니까 수학, 영어만 다녀도 그게 이제 [성적을] 좌지우지하니까. 그래도 잘하드라구요.

10
혜경이의 학교생활과 장래 희망

면담자   둘 다 공부를 잘했나 봐요?

혜경 엄마   큰애가 조금 더. 우리 혜경이는 자기는 공부는 싫대. 굳이 공부에는 그렇게 관심 갖고 그러지는 않아. 그러니까는 수학학원도 다니니까 100점 맞는 거고, 학원발로. 영어도 학원발로 100점 맞는 거고. 다 전 과목을 잘하는 게 아니잖아요. 아이들이 거기서 등수가 표시가 나니까.

면담자   학원 다녀도 다 100점 못 맞잖아요(웃음). 학원 다니면서 100점 맞는 건 잘하는 거 아닌가요?

혜경 엄마   그니까 학원 다니면서는 그렇게 했는데 우리 혜경이가 그거를 제일 싫어했어요, 수학을. 아주 머리 써야 되니까. 사실은 혜경이는 손으로 하는 기능적인 그런 거를 많이 생각을 했어요. 본인 스스로가.

면담자   메이크업 아티스트 이런 게 되고 싶다고 그랬잖아요.

혜경 엄마   네. 본인 스스로가 그런 거를 많이 [생각했어요]. 처음에는 혜경이가 뷰티 쪽은 아니고 요리를 하고 싶었어요. 시흥인가어디 그 요리 학교가 있대요. 근데 그 당시에 요리 학원도 가려면 상위권에 있었어야 됐어요. 그래서 제가 그랬어요. "혜경아, 거기가려면 너 이 등수 가지고 안 돼. 더 상위권에 있어야 해" 그러니까 "그냥 하면 되지 뭐, 어차피 내신으로 하니까" 그래서 "그럼 열심히해" 그랬거든요. 근데 갑자기 바뀌더라구요. 자긴 그냥 뷰티 하겠다고. 뭐 하겠다는 건 그냥 내뒀어요. 왜냐면 어차피 아빠도 그렇고 저도 그렇고 공부는 강요 안 하고 그냥 하니까. 대신 아빠가 그랬어요. "뒷받침해 줄 거는 해주겠다. 근데 해줘도 안 되면, 최선을다 해도 안 되는 거는 실력이 그거니까 후회하지 말고 딱 거기서끊으라"고 그랬거든요.

　　제가 주말에 알바 다니면서 번 만큼은 아빠 급여에서 남는 거잖아요. 그니까 그 부분만큼은 별도로 학자금용으로 적금을 들어서. 사실은 큰애 거는, 큰애 고등학교 졸업할 때 큰애 거는 다 해놨어요. 그다음에 혜경이 거는 반을 해놨어요. 근데 우리 혜경이는 그거를 못 쓰고 갔지, 못 쓰고. 혜경이는 내가 지금도 그런 거로 많이 울어요. 해준 것도, 잘해줬다고 생각하는 데도, 가끔가다. 사람이 참 희한해요, 기억이라는 게. 혜경이 있을 때는 생각이 하나도 안 났었거든요. 내가 야단친 적도 있지요. 흔하게는 안 쳐도. 손가락으로 꼽는다면 열 번 중에 두 번은 야단을 쳤는데. 그거는 혜경이를 잘하라고 야단을 친 거지 괜히 야단을 친 거는 아니었거든요. 살면서는 그게 하나도 생각이 안 났어요. 근데 혜경이 보내놓고 그런 게 자꾸 갑자기 쑥 올라와요, 그게. 그러면 내 자신을 어떻게 할수가 없더라고요, 미안해서. '내가 그때 왜 그랬지, 별거 아닌데. 그거를 맞춰줄 수 있었는데' 그 생각을 [해요]. '나도 그 나이를 겪었으니까 그냥 그것쯤 이해해 줄 수도 있었는데'. 그니까 뒤늦은 후회를 하는 거야.

내가 아빠한테도 그래요. "우리 혜경이가 마음 씀[씀]이가 참 착하다"고. 언니는 자기가 갖고 싶은 것 있으면 바로 사줘야 돼, 바로 자기 손에. 그래도 우리 애들이 자라면서 참 착하고 순한 게 뭐냐면 떼를 쓰는 게 없어요. 이렇게 보면 남자애건 또 여자아이도 그런 아이 있잖아요. 자기가 뭐 갖고 싶다 그러면 그거 안 사주면 그 자리에서 드러눕잖아요. 길이건 마트에서건. 근데 우리 아이들은 사달라는 법이 없어요, 키우는 내내. 그리고 하다못해 포장마차 지나가도 연도 상가를 지나가도 그거 사달라는 말을 안 해요. 나도 사줄 생각도 안 하고. 애도 사달라는 생각 안 하고. 제가 아마 안 사준 게 불량식품이라는 인식 때문에 그랬을 수도 있어요. 근데 사달라는 말을 안 하더라구요. 그러니까는 제가 혼자 그래요. '참 착하게 자랐다, 둘이' 그러는데.

크면서 우리 큰애가 중학교 다니면서 이런 핸드폰, 이런 거를 중학교 때 가면서 사주니깐 이거를, 자기가 사고 싶으면 바로 자기 손에 쥐어 넣어줘야 돼. 자기가 꼭 사야 될 거는. 근데 우리 혜경이는 진짜 그렇게, 아빠가 "혜경아, 너 사줘?" 그러면 "아니" 이래. 아빠가 언니 것 사러 가서 혜경이가 마음에 걸리는 거야. 그럼 그냥 혜경이 것까지 해서 줘요, 아빠가. 혜경이는 사달라는 말을 10번이면 그냥 한 번이나 두 번 해달라고 그래. 안 해요. 제가 한번 성질 낸 게 뭐냐면, 옷을 사러 갔는데 언니는 언니 거를 사러 갔어요. 근데 바보같이 저도 '엄마, 나 이거 하나만 사줘' 이러면 좋은데 목적이 언니 거 사러 가서 그런지 자기 거는 사달라는 말을 안 하더라구. 그래서 내가 "혜경아, 너도 사달라 그래. 너도 하나 사" 그랬더니 "아니야, 됐어" 이러더라구. 그러니까는 내가 보내고 나서 '내 성격을 많이 닮았나 보다' 그래요. 급하게 안 사도 될 거면 자기가 필요 없으면 그만이지 뭐, 이런 식으로.

고1 들어가기 전에 중3 때부터 혜경이가 학원을 끊었어요. 중학교 겨울방학 들어서기 전에 어느 날 갑자기 저한테 말을 안 하고 딱 끊고 왔어요. 퇴근했는데 "엄마, 나 오늘 학원 다 끊었어. 일방적으로" 그래서 "왜?" 그랬더니 이제 학원 필요 없을 것 같대. 그래서 "왜, 그래도 영어는 해야지" 그랬더니, 아니, 단원고 가면은 안 해도 될 것 같대. 그래서 "왜?" 그러니까 "거기는 엄마, 내신으로 하기 때문에 특별히 안 해도 될 것 같애. 그리고 나 그냥 뷰티 메이크업 했으면 좋겠다"고. 자기가 다 알아봤대. 근데 그 단원고 결정도 어렵게 했어요, 사실은. 아빠가 밥 사 먹여 가면서 달래고 달래가지고 단원고를 결정한 거야, 사실은.

우리 혜경이가 학원을 끊으면서 중학교 때 인천에 무슨 미용전문학교를 간다고 했어요. 근데 제가 인터넷 검색을 해보니까 그게 전문적인 인가 난 학교가 아니에요. 예전에 저희 알던 3년만 다니면 수료증 주는 학원 같은 거더라구요. 그래서 제가 "혜경아 거기는 학교가 아니야. 전문학교가 아니고 그냥 수료증, 학원처럼 수료증 주는 거야. 그러니까 거기는 안 돼" 그랬더니 "거기 유명한데" 그래서 "유명해도 안 돼" 그랬더니 얘가 성질이 난 거야. 못 가게 하니까. 그래서 이제 아빠가 달랬지. "그래도 그런 학교[미용학교]보다는 3학년은 학교 인가 난 학교를 가서 마치고. 언니 다니는 강서고를 가서 대학교를 그런[뷰티 관련] 과를 가라. 그래도 대학은 나와야 되니까" 그러니까 자기는 대학은 싫대. 안 가겠대. 자기는 돈 벌겠대, 현장에서.

그러면 자기가 또 알아보겠대. 알아보니 강남에도 이제 미용실인데 엄청 크대요. 근데 거기 가면은 외국도 갈 수 있다는 거야. 그러면 외국 가서 돈 되게 많이 번다는 그런 사례까지 있나 봐요. 그래서 내가 "아니야, 학교 아니면은 안 돼. 엄마는 싫어" 그랬지. 그러고 "엄마는 사무적인 일 그런 데 갔으면 좋겠어. 왜냐하면 우리 혜경이는 키가 작아서 힘들어. 그거 의자도 높고 그래서 그런 거 하기 힘들 텐데" 그랬더니 그래도 자기는 그게 좋대. 그거 하겠대. 그래 가지고 아빠가 넷이 밥 먹으러 가서 구슬르고 구슬려가지고 그냥 고등학교를 가기로 한 거지.

면담자   강서고보다는 단원고가 현실적으로 맞다고 생각하셨던 건가요?

혜경 엄마   근데, 아니요. 우리 혜경이가 오히려 집 근처에서는 강서고가 더 가까워요. 강서고가 더 가깝고 단원고가 더 멀거든요. 오히려 강서고나 선부고나, 거기가 더 가깝거든요? 근데 우리 혜경이가 단원고를 1지망으로 했어요. 중학교 때 모임이 있어요. 여섯 명인가 고 또래 애들이 전부 다 단원고를 쓴 거야. 그리고 단원은 빡세게 안 한다고 공부를, 내신 위주로 한다니까 혜경이가 군이 수학을 열심히 안 해도 되겠다 싶은 거야. 그러니까 자기는 1지망을 단원을 한 거야. 저희는 "강서고를 1지망해라. 집 가까운 데를" 그랬더니, 언니 하는 거 보니까 자기는 언니 수학 하는 거 보니까 머리 터져서 못 한다는 거야. 자기는 그렇게 빡세게 하는 데서는 공부 못 한다고. 그래서 단원고를 1지망했는데, 어떻게 단원고가 된 거예요. 그 중학교에서 여섯 명인가 일곱 명인가 고 아이들이 다 썼는데, 우리 혜경이랑 생존자 한 명 있어요. 딱 둘만 된 거야. 다른 친구들은 다 딴 데로 되고. 우리 혜경이는 너무 좋아 가지고 집에다가 그 쪼그만 미니 칠판 사다가 거기다가 "합격 단원고" 그거를 거기다가 다 채워놓은 거야. 그거 돼가지고 엄청 좋아했거든요, 단원고 돼가지고. 그러더니 중학교 때 친했던 그 친구도 돼가지고, [1학년 때는] 같은 반은 안 됐는데 2학년 때는 같은 반 됐어요. A라고. 그래서 같은 반 돼가지고 또 같은 방을 쓰게 됐어, 수학여행가서. 그래 가지고 배 안에서 둘이 찍은 사진이 나중에 저희한테 왔지.

11
참사 이후 혜경이 친구와의 만남

면담자   나중에 A 만나보셨어요?

혜경 엄마   아니요. 안 만나고 우리 혜경이 [장례] 때 A가 못 나오게 했는데, 그래도 "혜경이한테는 가봐야 된다"고 그래서 왔었어요. 우리 혜경이가 12번째로 나왔는데. (면담자 : A가 고대병원에 있었을 때인가요?) [생존 학생들이] 병원에 있었을 땐데 못 나가게 했는데, 그래도 혜경이한테 가봐야 된다고 해서 왔더라구요. 왔다가 보고 갔는데. 그리고 A가 혜경이 49재 해줄 때 같이 가보고 싶다고 그래서 오라 그래 가지고 같이 갔다가 왔지, 49재 할 때.

면담자   왜 같이 안 나왔냐고 안 물어보셨어요?

혜경 엄마　저는 안 물어봤어요. 지금도 물어보기가 좀 그렇고. 사실은 중학교 때 친했던 친구들 중에서 ××라고 있어요. 그 친구는 □□를 다니거든요. 근데 그 친구랑 혜경이가 집에서 밤늦게 전화도 많이 하고 그런 친구였던 거 같애. 그러니까 고등학교가 떨어지면서. 그 친구들이 혜경이한테 가보기도 하고 혜경이 책상에도 가고 혜경이 생일날 케이크 사다 놓고 혜경이 생일 축하도 해주고. 둘이 A랑 그러더라구요. 제가 ××를 만난 거는, A는 혜경이 49재 때 끝으로 안 만나고 ××는 만난 게 작년에 책 나왔을 때 중학교 때 친구들한테 주라고. 제가 A를 통해서는 연락을 안 해요. A도 나름대로 트라우마가 있으니까. 그래서 ××를 통해서 하거든요. 근데 그 아이를 보면서도 눈물만 나오니까. 그래서 될 수 있으면 안 만나려고 그래.

근데 합동 영결식 할 때 A랑 ××가 찾아왔더라구요. 어머니 어디 계시냐구. 그래서 그냥 제 생각에 A는 혜경이랑 같이 안 있었던 것 같애. 있었으면 혜경이도 나왔을 텐데, A는 거기 휴게실에 있었던 것 같애. 저는 안 물어봤는데 혜경이가 사귀던 학교 3학년 오빠가 물어본 건지 아니면 우리 큰아이가 물어봤는지 모르겠는데…. 혜경이는 잔다고 들어간다고 그랬대, 자러 들어간다고. CCTV가 끊긴 거 보면서 '조금 있다가 몇 분 있다가 어떻게 될 텐데' 그렇게 생각되더라구요. 하영이랑 온유랑 또 누구지, 누구랑 넷이서 그 [세월호 측면] 난간 있잖아요. 거기서 이렇게 바라보고 춤 연습인가 그거 하고 들어오고. 휴게 공간인지 거기서 모이고 그러다가 들어가면서 싹 [CCTV가] 끊기더라구요. 근데 거기서 A는 안 들어가더라구요, 고기서.

면담자   그 무리에 혜경이도 있었고요?

혜경 엄마   근데 온유, 우리 혜경이, 하영이 같은 애들은 들어갔는데 A는 안 들어가는 걸로 보이더라구요. 그러니까 A는 거기 있었나 봐요. 그니까 들어간 아이들만. 물어보지도 않았어요, 저는. 혜경이 자러 들어간다는 것도 누가 얘기했는지는 몰라도 다른 사람 통해서 하고[듣고]. 물어보고 싶지가 않더라고. 걔도 힘들어할 것 같고. 제가 혜경이 지갑에다가 항상 줬던 용돈을 5만 원씩 넣어 놔요. 혜경이 그러고 나서 계속.

면담자   한 달에 한 번씩?

혜경 엄마   네. 넣는데 ××랑 A 생일날은 "혜경이가 해주는 거다" 하고 혜경이 용돈에서 꺼내가지고 선물해 줘요. 근데 그 친구들한테 그런 얘긴 안 하고 그냥 혜경이 용돈에서 해주지, 선물을. 그리고 이제 그 친구들 고등학교 졸업하고 대학 들어갈 때, 중학교 친구들 그 여섯 명인가 다 향수를 사서 하나씩 줬어요. 이거 "혜경이가 축하하는 거야" 그러고 다 해줬지. 그리고 그 이외에는 ××랑 A만 혜경이 용돈에서 해주고.

면담자   ××는 무슨 학교 갔나요?

혜경 엄마   □□. A는 □□. 물어보지는 않았는데.

면담자　　□□는 대학이고 고등학교도 있나요, 부속 고등학교가?

혜경 엄마　　없는 것 같은데. 그러니까 ××가 고등학교는 □□ 거기 나왔어요. 그 두 친구가 그래도 "혜경이 자주 찾아갈게요" 그렇게는 해요. 근데 A는 내가 어느 날, 저도 톡을 잘 안 봐요. 볼 생각도 안 했는데. '사람들이 핸드폰을 도대체 뭘 보는 거야'. 전철에서 보면은 그런 거를 보더라구요, 상태 메시지를. 그래서 한 날 이렇게 A [상태 메시지]를 봤어. ××도 이렇게 글을 써놓은 걸 보면 혜경이 생각 많이 하고, 어떤 때는 ××랑 A랑 자기네 둘이 찍고 고기 다 혜경이 사진 같이해서 그렇게 올리고 그러더라구요. "이런 게 어디서 나왔나?" 이랬더니, 우리 큰아이가 "엄마, 그냥 그렇게 한 거야" 그러더라구요. A는 그러더라고. 그게 나는 "우리 혜경인가?" 그랬더니 "그렇겠지. A가 혜경이랑 친했으니까" 이러는데. 그러고 "그 아이들 250명 중에서 혜경이는 하나니까" 그러더라구. A가 [프로필 창에] "혜성처럼 나타나서 경이로움을 주는 사람"인가 하면서 혜경이에 동그라미 그거를 타자를 쳐가지고 해놨더라구. 그래서 "이게 혜경인가?" 그러니까 "아마 그럴 거야" 큰애가 그러더라구.

그래서 A한테 "그 책을 내가 했다" 그러면서 제가 톡을 보냈어요. 그랬더니 A가 그러더라구. "어머님이 혜경이 얼마나 생각하는지 어머니 톡 보면 알겠다"고 그러더라구. 지금은 제가 이제 톡에다가는 그런 거 안 쓰고. '나중에 그냥 책 내면 그때나 하자'. 왜냐면 그걸 자꾸 보니까 그런 생각도 들더라구요. ××랑 A가 혜경이를 많이 생각도 하고 있는 것 같은데, 왜냐면 ××가 4주기 때 우리 혜경이한테 편지를 써서 줬어요. 근데 너무 아프더라고. 저도 그거 보면서 또 울었어요. 혜경이를 많이 생각하고 있더라고. [카카오톡] 상태 메시지에 내가 그런 거를 하면 큰아이도 아플 것 같고 그래서 '나중에 혹시 책을 내게 되면 그냥 저기 하고[알리고], 그런 내 마음은 거기다가 표현하지 말자' [싶어서] 제가 그래서 안 하거든요. A가 그렇게 내 마음을 읽으려고 그러는데 그거를 하면 본인도 아파할 것 같고 그래서 묻지도 않고 여러 사람을 생각하게 되더라구요.

12
교육관

면담자   오늘은 이제 마무리를 해야 할 것 같아요. 마지막 질문을 드리면, 혜경이를 키우면서 성적 같은 건 별로 생각 안 하신다고 그랬잖아요. 아이들을 키우면서 '이것만은' 하고 가지고 계셨던 교육관은 어떤 거예요? 집집마다 좀 달라요. 인사하는 것을 중요하게 생각하는 집, 신앙심을 중요하게 생각하는 집 등이요.

혜경 엄마   지금 교수님 말씀하시듯이 우리는 인성을 좀 [중요시] 했어요. 아빠가 그랬어요. "아무리 공부 잘해도 싸가지 없으면은 그거는 잘못된 거다. 아빠가 사람은, 아빠는 많은 거는 넓게는 요구하지 않는다. 그냥 좁은 데서만 할게. 너네들 아빠가 공부해라 그런 거는 안 하지만 단지 내 엘리베이터 우리 라인[에] 어르신들 보면은 인사 꼭 하라"고. "그분들은 너희를 모르지만 그래도 어쨌거나 엘리베이터를 타면, 다 우리 라인에 사시는 분이야. 그러니까 항상 인사해라" 그랬거든요.

근데 우리 아이들이 그거를 잘 지켜줬어요. 왜냐하면 우리 혜경이 그러고 나서 장례 치르고 나서 이틀인가 지났을 때, 저희가 집에 왔을 때 이틀 지나서 그 라인에 5층에 사시는 분이 오셨어요. 근데 그분이 하신 말씀이 있었어요. 이 라인에서 인사하는 집 애들은 여기 딸 둘밖에 없다고. 그러면서 "얼마나 그 작은애도 인사를 잘했는지 아냐"고 그러시더라고. 우리 엄마가 그랬어요. "어른을 보면은 인사하는 건 당연하지만 그래도 엄마, 아빠가 하라 그래서 잘했나 보다"고. 애기 아빠가 그런 말을 했어요, 그분한테. "정말 우리 아이들이 잘 인사했어요?" 그러니까 "그렇다"고 "잘했다"고. "이 집 아이들 외에는 다른 집 애들은 인사 안 했다"고.

애기 아빠가 왜 인사를 하라고 시켰냐 하면 〈비공개〉 애도 우리 애기 아빠한테 인사를 안 하는 거야. 그러니까 애기 아빠가 '[가정교육이] 안 됐네' 그런 생각이 들어가지고 그다음부터 초등학교 때부터 시킨 거예요. "꼭 인사하라"고 어른들한테. 한참 뒤에 그분 가시고 애기 아빠가 문득 그러더라구요. "호랑이는 가죽을 남긴다지. 그래도 우리 혜경이 그 라인[에] 할머니한테 그 집 애 못됐어, 그런 말 안 듣고 인사 참 잘했다. 그래서 혜경이가 고맙다"고. "우리 혜경이 인사 잘하는 아이로 남겨줘서 고맙다"고. 아빠가 그런 쪽으로

[교육을] 많이 했어요. 저도 물론 인성 쪽으로 그렇게 키우고.

면담자   오늘은 여기까지 할게요. 내일 또 출근하셔야 하는데 늦게까지 수고하셨어요. 사실 오늘 하려고 했던 거를 한 절반 정도밖에 못 하긴 했어요. 근데 어머님이 말씀도 잘하시고 기억도 구체적으로 가지고 계셔서 면담하는 입장에서는 참 소중한 이야기다 싶어요. 2차 구술에서는 수학여행부터 진도 내려가고, 혜경이 만나고 올라오는 과정들을 말씀해 주세요. 좀 더 시간이 되면 어머님 시집 쓰셨던 거 이후 얘기들 이어가도록 할게요. 수고하셨습니다.

혜경 엄마   수고하셨어요.

2회차

2018년 10월 5일

1
시작 인사말

면담자   본 구술증언은 4·16 사건에 대한 참여자들의 경험과 기억을 기록으로 남김으로써 이후 진상 규명 및 역사 기술에 기여하고자 합니다. 지금부터 유인애 씨의 증언을 시작하겠습니다. 오늘은 2018년 10월 5일이며, 장소는 안산시 4·16기억저장소입니다. 면담자는 이현정이며, 촬영자는 강재성입니다.

2
구술증언 참여 소감과 가족들 반응

면담자   어머님, 우리 지난번에 뵙고 좀 된 것 같아요. 구술하고 나서 어떠셨어요?

혜경 엄마   그냥 조금…. 아유, 내가 또 쓸데없는 얘기를 많이 했나 싶고. 또 한편으로는 이런 일 하면서 내가 말하면서 또 주제는 혜경이니깐, 내가 혜경이를 다시 한번, 항상 늘 품고 있지만, 그래도 내가 입으로 말할 때는 우리 혜경이가 생동감 있게 살아 있는 것 같다는 그런 것 때문에 잘했다 싶기도 하더라고요.

면담자   집에 가서서 혜경이 아버님이나 언니에게 구술 면담한 이야기를 하셨어요?

혜경 엄마   언니는 그냥 제가 간다는 얘기만, 교수님 만난다는 얘기만 해서 별로 저긴데, 아빠는 궁금해해요. "무슨 얘기 했어?" 이래서 "그냥 이런 이런 나 자란 얘기, 오늘은 그런 얘기야. 뭐 혜경이 얘기도 했지만. 그리고 혜경이 아빠 어떻게 만났는지, 뭐 그런 것도 했어" 그랬더니, "그런 얘기도 했냐"고 그래서. "그냥 그런 것도 교수님이 받아주셨어" 내가 그랬지. 아빠가 많이 궁금해하더라고요. 내가 "아빠도 해야 된대" 그랬더니 "하지 뭐" 그러더라고요.

3
혜경이의 출생과 어린 시절

면담자   지난번 1차 구술에 이어서 혜경이가 태어났을 때부터 이야기를 조금 더 자세하게 듣고 싶어요. 아이를 갖는 것이 조금 힘드셨다고 했는데, 혜경이를 어떻게 얻게 되셨는지요? 그리고 혜경이가 언니와 다른 특징은 무엇인지요?

혜경 엄마   그냥…. 큰애를 바라다가 오랜 기간이 있다가[지나서] 낳았고. 혜경이는 생각지도 않게, 정말 생각지도 않게 생겨가지고. 그래서 내가 "나 임신했나 봐" 그랬더니 아빠가 "무슨 임신" 그래서 아무래도 동생이 있는 것 같다고 해서 봤더니 임신이어 가지고. 저는 자연적으로 또 그렇게 했으니깐 '이것도 나한테 주는 또 다른 복이구나' 해서. 저희는 아이에 대한 바람이 컸기 때문에, 그런 생각 없이 그냥 나이도 둘 다 먹었…. 딴 사람에 비해 많이 먹고 [아이를] 가졌지만, 그런 거를 생각을 안 했지만 "그냥 낳자" 그래 가지고.

면담자　　　혜경이를 가지셨을 때가 어머님 연세가 어떻게 되셨어요?

혜경 엄마　　제가 우리 큰애를 서른둘에, 그리고 우리 혜경이를 서른다섯에 가진 거지. 그래 가지고 큰애도 사실은 노산이라고는 하는데 작은애는 더 저기지. 그래도 그냥 낳고 싶더라고요. 하나보다는 둘이 나으니깐. 우리 혜경이 낳고는 제가 실망을 많이 했어요. 우리 혜경이가 빨갛다 못해 새까만 거예요, 아이가. 언니는 안 그랬어요. 언니는 하얗고 코도 오뚝 서고 눈도 똥그랬거든요, 언니는. 쌍꺼풀은 안 졌지만 똥그랬어요. 언니는 진짜 지나가는 사람들이 다 "이쁘다" 그랬어요, 신생아실을[에서]. 근데 우리 혜경이는 빨갛다 못해 너무 까만 거예요. 그런 데다가 우리 혜경이가 머리숱은 참 많았어요, 아빠처럼. 근데 눈이 쌍꺼풀이 안 졌어요. 저처럼 이렇게 된 거예요. 그래서 제가 실망을 했다기보단, 제가 그랬어요. '어떻게 하나, 날 닮아서' 그 생각을 했어요. '나 닮으면 안 되는데, 그러면 미운데' 그런 생각을 했거든요. 근데 우리 혜경이가 백일 지나면서 조금 하얘지더라고요. 그러더니 1년, 돌 되기 전에 눈이 쌍꺼풀이 졌어요. 그러더니 이제 코도 점점 서더라고요. 그래서 너무 예쁜 거예요. 그래서 제가 나 안 닮아서 천만다행이라고.

면담자   어머님은 못생기시지도 않았는데요.

혜경 엄마   아녜요. 그래서 제가 날 안 닮아서 천만다행이라고, 너무 이쁘니깐. 동네에 업고 나가면 아줌마들이 "애 너, 너무 이쁘다"고 우리 혜경이한테 막 그랬어요.

면담자   어렸을 때가 어머님 똑 닮았다니까요. 다 예쁘다고 그러잖아요. 근데 어머님은 어렸을 때 혹시 주변에서 못생겼다는 얘기를 들으셨어요? (혜경 엄마: 아니요, 그런 거는 없는…) 그냥 스스로만 그렇게 생각을, (혜경 엄마: 네) 왜 그런 생각을 하셨을까?

혜경 엄마   그냥. 그러니깐 내가 우리 혜경이 머리를 이렇게 묶이고 가면, 아줌마들이 "너는 너무 예쁘다"고 그러고. 그러니깐 그게 기분이 좋더라고요. 근데 오히려 우리 큰애는 크면서 점점 저랑 똑같애요, 우리 큰애는. 신생아 때 모습이 완전히 틀려서[달라서], 둘이 바뀌었어요. 아빠랑 엄마는 확연하게 틀리다고 생각하는데. 우리 혜경이랑 고 조그만 것들이 둘이서 놀이터에서 놀다가 올라오면, 라인에 어르신들이 "너네 쌍둥이니?" 항상 그랬대요. 우리는 아니라고 보는데, 그러더라고요.

면담자   어머님의 외모에 대한 판단이 좀 문제가 있으신 것 같기는 해요, 어쨌든.

혜경 엄마   그러면서 우리 혜경이를 제가 더 그러는 게 뭐냐 하면요, 우리 혜경이를, 정말이에요. 요만했을 때, 치과에 데려가면

간호원들이 그랬어요. "어머, 옆집 아줌마가 데리고 오셨나 보네" 이랬어요. (면담자 : 안 닮았다고) 네, 간호원들이. 그래서. (면담자 : 혜경이 사진 봐서는 똑같던데) "아니에요, 우리 딸이에요" 그러니 "아, 죄송해요" 이러더라고요. 그래도 저는 그게 기분이 안 나빠요.

면담자　　　다르다는 걸 굉장히 예쁘다는 뜻으로 받아들이셨으니까요.

혜경 엄마　　　우리 혜경이가 이쁘니깐. 그래서 기분이 안 나쁘고. 〈비공개〉

면담자　　　그런 일들이 많이 있었네요. 사진으로 보면 정말 아니거든요.

혜경 엄마　　　그래서 제가 '우리 혜경이는 조금 틀린가 보다'. 아빠를 보는 사람들은 "아빠를 많이 닮았다"고 그러더라고요. 아빠가 코가 이렇게 섰으니깐 그래서 그런 것 같아.

면담자　　　아버님이 되게 잘생기셨어요?

혜경 엄마　　　아니, 그렇게 안 잘생겼는데.

면담자　　　혜경이가 아버님보다는 훨씬.

혜경 엄마　　　그쵸, 낫지. 그래서 제가 항상 그래요. "우리는 둘 다 못생겼지만 그래도 혜경이, 아이들은 우리보다는 업(up)시켜서 잘 됐어" 그런 얘기를 하거든요. 그래서 혜경이는, 혜경이가 키만 조금, 혜경이나 우리 큰애가 키만 컸으면 좋은데 크지를 않으니깐.

그게 조금 안쓰러웠어요, 항상. 미안하다고, 내가.

면담자   유치원 다니거나 초등학교 다닐 때도 혜경이가 좀 작았나요?

혜경 엄마   작았지요. 두 애가 항상 맨 앞에, 제일 첫 번째였어요. 작았어요. 그래서 우리 혜경이가 보면, 아이들이 살집이 있는 게 아니고 왜소해요. 아주 조그맣지. 그래서 학교 다닐 때도 남자애들이 조금 짓궂게 하는 게 왕왕 있었지요. 근데 나는 우리 혜경이한테, 큰애한테도 그래요. "그러면 그냥 똑같이 해. 가만히 있으면 걔가 너 무시해. 그니깐 하지 말라고 딱 얘기하고 또 그러면 너도 한 번 걔가 했던 것처럼 하라"고. 근데 내가 그렇게 시키지만 우리 애들은 그렇게 못 하더라고요. 그래서 그냥 바보같이 친구들이 남학생들이 그러면 '그러네' 그랬는데.

우리 혜경이는 제가 보니깐 조금 강단이 있어요. 언니보다는 강단이 있어 가지고. 크면서 사춘기 되면서 그런 것 같아요. 크면서 자기가 할 수 있는 거는 자기 선에서 싹 마무리를 하더라고요. 그래서 내가 항상 혜경이한테 그런 부분은 있었어요. 체구도 왜소하고. 중학교 갈 때는 제가 그랬어요. "혜경아, 그래도 중학교는 틀려. 초등학교랑 틀리거든. 중학교는 청소년이 들어가서, 네가 여지[지금]까지 초등학교 때랑 생활했던 거랑 완전히 틀릴 거야. 그러니깐 엄마는 그래. 그냥 될 수 있으면 학교생활에 충실하고, 하다 보면 친구들이 좋은 친구도 있고 나쁜 친구도 있고 그래. 근데 나쁜 친구가 다 나쁘지는 않아. 근데 고 어느 선에서 그 친구는 그 선을 넘으면 안 되는데, 단지 그 선을 넘을 뿐인데. 그런 친구를 엄마는 그냥 이렇게 등 돌리라는 말은 안 해. 같이 똑같이 지내라고 얘기하고 싶어. 근데 만약에 그런 친구가 있다고 그러면, 그 무리 속에 만약에 네가 같이 있다고 하면 그 친구한테 네가 대신 얘기를 하라 그래. 이 선은 우리가 지키는 게 아니니깐 우리는 여기를 범주[침범]하지 말고 우리 직분에 맞게 그렇게 하자. 그렇게 먼저 얘기를 해줘". 내가 그러거든요. 그래서 "아니면 어떻게 해" 이래. 아니면 그냥 "우리 엄마가 나 몇 시까지 오라고 했어. 그러고 그냥 와" 그런 적이 있었거든요. 항상 저는 학기 초 때마다 그런 얘기를 해줘요. 왜냐면 바뀌니깐, 학생들이. 바뀌니깐 항상 그렇게 얘기해 주고.

대신 그런 얘기 "될 수 있으면 학생부에서 엄마한테 전화 안 오게끔 하라"고 그렇게 얘기하거든요. "학교생활 충실히 좀 해줬으면 좋겠다". 혜경이가 뭐 말썽 피우고 그러는 건 아닌데 "엄마는 다 거친 학교생활이니깐 엄마가 보니깐 그렇더라. 규율 범위 내에서 항상 해야 되니까. 그 규율을 네가 조금 어겨도 봐주는 선은, 엄마가 보니깐 그렇더라, 선생님들은 공부 잘하는 애들은 전부 다 눈감아줘. 그러니깐 공부도 게을리하지 않고 하면 선생님이 그런 것도 눈감아 주더라. 엄마 다녀보니깐. 그니깐 그렇게 꼭, 잘 좀 3년 다녔으면 좋겠다". 그렇게 중학교 때 처음 다닐 때 그랬어요.

4
혜경이의 진로 선택과 이성 교제

혜경 엄마   혜경이가 멋도 잘 부리고, 저는 화장을 안 하는데 그런 거는 어떻게 알았는지 화장을 참 잘했어요. 우리 혜경이 언니는 멋을 하나도 안 부렸거든요. 근데 우리 혜경이는 중학교 들어가면서 멋을 부리면서 교복도 타이트하게 그렇게 했었어요. 그런데 제가 우리 혜경이 들어가기 전에 사실은 그렇게 하고 다니는 여학생들 보면 집에 와서 흉을 봤어요. "어떤 가스나가 그러고 다니더라. 에휴, 그러면 안 되는데" 그랬거든요. 근데 우리 작은애가 그럴 정도로 해 입고 다니더라고요. 그래서 내가 "혜경아, 이러면 안 되는데" 그랬더니 "아유, 지금 다 이러고 다닌다"고 "안 그러는 애들 없다"고 이제. 그래서 사실은 그런 거에 간섭은 안 했어요, 아빠도 그렇고. "화장도 왜 그렇게 진하게 하냐, 옷 왜 이렇게 타이트하게 입냐" 이런 거는 간섭 안 했어요. 시대가 그렇기 때문에. 그냥 시대에 맞게 그렇게 해주고.

혜경이가 크면서 언니랑 틀린 게 있다면, 그런 거. 멋을 좀 잘 부리고. 그다음에 자기가 모든 결정은 그냥 딱 해버리고, 자기 진로도 그냥. 먼저 제가 말씀드렸듯이 자기가 "나 어느 학교 그리로 미용학교로 가고 싶어" 그렇게 정하고. 강남에 이런 데가 유명하니깐 "그럼 난 그쪽으로 갈래" 뭐 그런 거. 유학까지 가는 그런 거를 혼자서, 자기 미래를 어느 정도는 해놓고 갈 방향을 제시는 해놓은

혜경 엄마 유인애

것 같더라고요. 그 당시에는 잘 갈란지는 모르지만, 하여튼 일단은 그렇게 제시는 해봤어요.

왜냐면 우리 큰애는 보니깐 제가 다 해줬어요. 학교도 우리 큰애는 집 가까이 있는 데 갔지만, 대학교 갈 때도 어디에 무슨 학교 자기가 선정하면 무슨 과 무슨 과 다 제가, 부모가 하라는 대로 했는데. 우리 혜경이는 그게 전혀 없었으니깐. 큰애는 결국은 엄마가 "경영학과를 택해" 그래서 지금 그런 쪽에서 그렇게 일을 하는 거고. 큰애는 그래요. "엄마가 하라는 대로 가서 자기는 잘된 것 같다"고.

그런데 우리 혜경이는 그래요. 꽃을 피우지는 못했지만, 일단은 시초는 자기가 다 닦아놓으려고 기반을 다져놓았더라고요. 자기가 어디를 가고 무엇을 공부해야 하고. 그래서 사실은 엄마랑 아빠랑 그 부분에 대해서는 "힘들게 가지 말고 좀 편한 데를 가라" 그랬는데. 지가 좀 힘든 방향으로 손재주를 부리는 데로 가려니깐 힘들어서. 우리는 지가 하고자 하는 게 그거니깐 그냥 밀어주기로. 아빠가 항상 그랬거든요. "그냥 얼마가 들어도 아빠가 해주고 싶은 대로는 다 해준다"고. 그래서 사실은 저는 "돈 많이 드는데" 그랬는데, 아빠는 "돈 많이 들어도 해줄 때까지는 뒷받침해 주는 거"라면서. 혜경이가 중학교, 중3 때 고등학교를 그렇게 하면서 자기가 원하는 단원고로 해가지고 1년 다니다가 뷰티학원을 메이크업학원을 다니기 시작한 거죠. 다니기 시작하면서 하여튼 이런 사고가 나기는 났는데.

우리 혜경이가, 제가 혜경이 없는 빈자리에서 가만히 보면, 학교 다닐 때도 별 탈 없이 잘 다니고, 될 수 있으면 엄마가 하지 말라는 거 많이 안 했어요. 안 하고 그래도 자기 나름대로 지킬 수 있는 거는 그냥 하는데, 언젠가 우연찮게 엄마랑 아빠한테 들킨 게 있어요. 남자 친구를 사귀는 거를. 우리가 밖에서 이렇게 보고 그냥 집에 왔거든요. 나중에 혜경이가 들어왔길래 "너 어디 있다가 와?" 이러니깐 "응. 그냥 밖에서 친구 만나고 와" 그랬어요. 그런데 우리는 그 얘기를 안 했어요.

면담자   중학교 때? 고등학교 때?

혜경 엄마   중학교 때도 한 번 나한테 들키고, 고등학교 때도 들킨 거죠. 그래서 큰애한테 그전에 얘기했더니, "어, 엄마, [남자 친구] 있어, 혜경이" 그러더라고요. 지네끼리는 얘기를 했나 봐요. 그래서 "그래?" 그래 놓고. 사실은 아빠도 그렇고 저도 그렇고 그런 거를 야단치고 그러지 않아요. 그냥 그것도 언니랑 틀리게. '언니는 그런 거 없이 지나갔는데, 혜경이는 또 그런 것도 해보는 그런 길을 걷고 있구나' 그러고. 특별하지 않으면 TV 봐도 학생들이 [남자]친구 사귀고 그러잖아요. 그래서 그냥 내버려 뒀어요, 묻지도 않고.

그리고 제가 한 날 혜경이한테는 그런 얘기를 했어요. "혜경아, 혹시라도 남자 친구 사귀면 헤어질 때는 깔끔하게 해. 그거 지저분하게 하면 남자 친구가 해코지하면 어떻게 해. 너는 조그맣고 여자야. 그래서 안 저기 하니깐 헤어질 때는 깔끔하게 하고 쿨하게, 서로가 쿨하게 하고. 그담에 절대로 손잡고 그러지 마"라고. "아유, 엄마" 이래. 그래서 내가 "혹시나, 혹시나 그러면 그런 거는 안 잡아도 돼" 그러거든요. 굳이 그런 거는 묻지 않아요. 내가 "엄마는 그냥 염려스러워서 그러는 거야. 그니깐 안 하라는 말은 안 할 테니깐. 그런 거는 좀 지켜주면서 해". 한 번 들키고 나서 우리 혜경이가 중학교 졸업식 때 그 남자 친구 애를 데리고 왔었어요.

면담자　　　같은 중학교?

혜경 엄마　　　네. 같은 중학교. 저는 그런 거는 맘에 두고 그런 거는 안 봐요. 왜냐면 '요것도 지나가는 길, 한 길의 할 걸음이겠지, 한 단계겠지' 해서 그런 거를 내가 담아놓고 보지를 않아. 그래서 그냥 인사하고 '아유, 그냥 우리 딸 친구지' 그랬어요. 그리고 고등학교 때도 한 학년 오빠인지 그래 가지고 그 오빠를 또 엄마, 아빠한테 들킨 거지. 근데 우리 혜경이는 모르지. 근데 그것도 그냥 고등학생이면 조금 더 큰데 귀담아듣지는, 이렇게 담고 있지는 않았어요. 왜냐하면 '잘 대처하겠지' 하고 나쁘게를 보지 않았어요. 〈비공개〉 우리 혜경이도 비록 고등학생이었지만 그래도 잠깐 이렇게 사귀는 오빠도 저는 한 번 봤을 때 나쁘게 안 봤어요. 그냥 똑같은 우리 딸, 우리 혜경이 인격체로 그렇게 봐줬지. 그리고 선입견 갖는 게 조금 나쁜 것 같아 가지고. 그리고 우리 딸이, 저는, 모든 건 자기 자식 기준이잖아요. '우리 딸이 착하니깐 걔도 착하겠지' 그냥 그렇게만 봤어요.

면담자   어머님 말씀하실 때 '그렇게 봐야지…' 하는 노력이 느껴지는데요. 그 남자아이를 잠깐 보셨을 때 느낌은 어떠시던가요?

혜경 엄마   그냥…, 그런 거 없었어요. 이제 우리 혜경이가 무슨 말을 했는지, 한 날 퇴근해서 왔는데 제가 마카로니 과자를 잘 먹거든요. 근데 그게 있는 거예요. 그래서 "혜경아, 이게 뭐야?" 이러니깐 "엄마, 그거 오빠가 사준거야. 엄마 그거 좋아하잖아" 이래. "근데 오빠가 엄마 이거 좋아하는지 어떻게 알았어?" 그랬더니 "아유, 내가 얘기했지". 그래서 '아, 우리 혜경이가 내가 좋아하는 거를 평상시에 그래도 그게 지한테 스며들듯이 자기한테 남아 있구나' 그래서 그거를 오빠한테 얘기해 가지고. 장날, 장터 선 날 단지 내에 그걸 사다가 놓은 거예요. 그래서 "고맙다고, 잘 먹겠다고 그래" 그랬거든요.

근데 나쁘게는 생각 안 했어요. 그리고 그 머슴아도 '우리 혜경이한테 뭔 짓을 하지는 않겠지?' 그런 생각을 안 했어요. 그냥 둘이 순수하게 선후배 사이로 있겠지. 성인이 됐다면 아유, 조금 틀리게 봤을 입장인데. 그냥 똑같은 저기[고등학생]라, 그렇게는 안 봤어요. 그래서 우리 혜경이는, 우리 큰애가 한 말이 있어요. "아유, 혜경이는 남자애들을 잘 사귀네" 이래. 지는 그런 거를 안 해봤거든, 학교 다닐 때. 중학교, 고등학교 때. 우리 큰애는 성격이 저를 많이 닮았어요. 근데 우리 혜경이는 그런 성격은 또 아닌 것 같애.

면담자   누구를 닮았나요, 성격이?

혜경 엄마   우리 혜경이, 제가 어젠가 그랬어 "진짜 반반씩 닮았나 봐". 제가 그러거든요. "[엄마] 아빠를 반반씩 닮았겠네" 그래요. 그런데 신체적으로는, 우리 큰애는, 어제도 우리 큰애랑 점심을 먹다가 쌀국수 국물이 발에 떨어져서 발등이 빨갛더라고요. 그래서 화상 연고를 발라줬어요. 발라주면서 제가 '참 똑같다 너는…'. 우리 큰애는 손발은 아빠를 닮았어요. 아주 정말 똑같아, 조그만 게. 근데 얼굴은 저를 닮았어요. 근데 불같은 성질내고 막 화다닥 그러는 거는 나를 닮았어요. 근데 우리 혜경이는 손발은 저를 닮았어요. 그냥 조금 커요, 신체에 비해서. 손발은 저를 닮고. 우리 혜경이는 참는 거, 꾸욱, 힘이 들어도 참는 거는 저를 닮았어요. 내가 막 성질이 급해도 '이거는 참아야 되는 거야' 하고 '이거는 말을 하지 말아야 하는 거야', 누가 '비밀을 지켜줘야 하는 거야' 그런 거는 절대 안하거든요. 그러니까는 우리 혜경이는 그런 거를 저를 닮았어요. 그니까는 다 반반씩 닮은 거야. 얼굴은 거의 아빠 닮고. 코가 여기서부터 서고, 그런 거 다. 제가 가끔가다 이렇게 보면 우리 혜경이, 지금도 눈에 선하죠. 입술, 입술도 가만히 보면 아빠 닮은 거 같고.

5
혜경이와의 추억

혜경 엄마   그래서 우리 혜경이가, 내가 그런 적이 있어요. 아침에 혜경이 방을 제가 항상 먼저 가요. 아침에 눈뜨자마자 밥을 안

처놓고 혜경이 방에 가면, 먼저도 말씀드렸지만 비염이 있어 가지고 숨을 어느 순간에 안 쉬어요. (면담자 : 그 무호흡증같이) 네, 네. 그러면 제가 흔들어요. 흔들면 또 곤히 자고 그러는데. 조금 있으면 한 30분 있으면 일어나야 하는데, 곤히 자는데 또 흔들면 저기 하니깐 제가 살살 요렇게 해요. 그러면 몸을 저기 하더라고요. 그러거나 제가 코를 이렇게, 여기서부터 이렇게 해요. 코 이렇게 하면서 '어쩌면 이렇게 코가 높을까'. 제가 그러면서 숨을 쉬나 안 쉬나 또, 한 날은 쉬나 안 쉬나 가슴에다가 이렇게 갖다 대고. 항상 아침에는 혜경이한테 있어요. 언니는 그러지 않으니깐 언니 방은 안 갔어요. 근데 혜경이한테는 항상 그렇게 갔거든요. 우리 혜경이가 한 날은. (면담자 : 왜 언니 방엔 안 가시고, 혜경이한테만) 언니는 무호흡증이 없으니깐. 근데 혜경이는 한참 들이마시고 숨을 안 쉬어요. 그래서 제가 겁나니깐 항상 눈뜨면 혜경이 방에….

면담자   언제부터 그랬나요?

혜경 엄마   음, 원래 없었어요. 근데 그렇게 더 심한 거는 중학교 들어가면서 더 심했던 것 같아요. 그 전에는 그렇게까지 심하지가 않았는데 중학교 가면서. 그래서 우리 혜경이가, 제가 그랬어요. 혜경이 방에서 셋이 얘기할 적도 있었어요. 왜냐면 혜경이 방에 화장품도 다 있고, 언니 방엔 없으니깐. 그리고 뭐 하면은 혜경이 방에 책꽂이도 있고 앨범이 있고 그거는 그쪽 방이 더 많거든요. 그래서 혜경이 방에 있는, 있다고 하면 그 방에 좀 많이 있고 그랬는데.

이렇게 얘기하다가 내가 "혜경이는 말도[이] 느린 것도 엄마 닮았어" 그러거든요. 그러면은 "음… 그래" 이래요. 그래서 한 번 그런 적이 있었어. "혜경이는 엄마가 다른 엄마들처럼 안 이뻐서 싫지 않아?" 그랬거든요. 그랬더니 "아냐, 엄마는. 내가 엄마 딸이니깐" 자기도 이뻐 보인다고 그런 얘기 하면서 우리 혜경이가 한번 그러더라고요. "나는 우리 엄마가 제일 좋아". 거실에 앉아 있는데 (눈물), 등에 기대고는 저는 '등 그네를 탄다'고 그런 거를 표현을 했거든요. 등에 와서 기대가지고 있는 거를 제가 앞 옆으로 흔들흔들하면서 "엄마가 그렇게 좋냐"고 그랬더니 "좋다"고(한숨). 그래서 "엄마 피가 너한테 있어서 그런가 보다. 엄마 같지 않게 이쁘게 태어나 줘서 내가 고맙다"고(눈물). 그런 거 보면 그래도 엄마, 내 속마음을 그렇게 얘기하면은 그래도 그냥 받아주고 그랬던 것 같아요. 지 눈에도 엄마가, 자라면서 엄마가 쉬지 않고 일하니깐.

면담자　어머님이 임신을 하시면서 새로 시작한 일을 그만두셨잖아요. 그리고 아이들 초등학교 들어가면서 다시 일을 시작하셨구요. 아이들이 엄마가 일을 안 했으면 좋겠다든지 이런 것 때문에 망설이시거나 고민을 하신 적이 있나요?

혜경 엄마　그런 거는 사실은 없었어요. 일단은 저도 그렇고 아빠는 제가 하자는 대로 따라와요, 항상. 살림을 하는 부분에 있어서도. 왜냐면 아빠가 서른둘에 결혼을 했는데 사실은 모아놓은 게 하나도 없었거든요. 그냥 서울에 그 독산동에 반지하. 그거 전세거리 그거밖에 없었거든요. 조금은 힘들다고 생각은 했었어요. '아유, 언제 그 흔한 우리 집을 장만하지' 그랬는데, 저는 애기 아빠한테도 그래요. "아이들이 참 우리한테는 보물"이라고. 제가 그래서 처음에 핸드폰을 장만했을 때도 아이들 입력을 '첫 번째 보물', '두 번째 보물'이에요. 지금도 항상 '첫 번째 보물', '두 번째 보물' 이렇게 되어 있거든요. 애기 아빠는 제가 '대통령'으로 해놨어요. 근데 제가 아빠한테 그래요. "우리 아이들은 우리한테는 정말 보물"이라고.

내가 그래도 그 긴 시간 동안 마음고생은 많이 했지만 아이들 얻으려고 돈도 썼지만, 그래도 그동안 둘이, 아빠가 혼자 벌었지 그동안은 제가 일을 안 했어요. 해보려고 했는데 전에 다니던 그런 종류는 못 하고 있었는데, 아빠 벌어오는 걸로만 그냥 모아놓고 그랬는데. 오히려 그게 많이 보탬이 된 것 같아요. 씀씀이가 없으니깐. 그래서 내가 항상 "아이들이 참 우리한테는 보물이야" 그러면서, "그동안 마음고생은 있었지만 그래도 열심히 모아놓으라고 그렇게 했나 보다"고.

그래서 아빠 벌어오는 걸로 살림하면서 그러다가 아이 낳으면서는 더 집에 앉게 되지만, 우리 혜경이 낳아놓고 혜경이 초등학교 들어가면서 제가 주말 알바를 우연찮게 알아서. 아이들 사실은 학원비 하려고 나갔다가 혜경이가 한 5학년, 6학년 때 아빠가 명퇴 얘기 나와가지고 주중에 나가는 것도 하게 됐는데, 아이들이 싫어하지는 않았어요. 왜냐면 자기들도 학교 갔다 오면 바쁘잖아요. 수학학원이랑 영어학원 두 군데, 많이는 안 보내도 두 군데 가니깐 그게 바쁘지. 갔다 오면 자기네도 시간이 없으니깐. 그래서 싫어하지는 않았고 "그만 다니라"는 말도 안 했어요.

대신 주말은 아빠가 참 잘 놀아줬어요. 어디 무슨 축제 있다고 하면 거기, 쭈꾸미 축제 있으면 충청도도 가고. 아빠가 오히려 더 그런 데를 더 잘 데리고 다녔어요, 아이들한테. 그래서 엄마가 손을 써야 할 부분을 그래도 아빠가 집에서 밥도 해주고 또 놀러도 가고 그러면서. 같이 집에 있을 때는 공원에 가서 자전거 태워주고 그런 거를 해서, 아이들이 크게 뭐 '엄마 집에 있었으면' 그런 생각은 안 했어요.

그리고 우리 아이들이 보면 그런 게 있는 것 같아. 큰애도 그렇고 작은애도 그렇고 학교 일은 그냥 '엄마는 안 와도 된다'고 그런 거를 많이 생각하는 것 같더라고요. 그래서 제가 더 그냥 '음… 학교 잘 다니고 있구나' 그리고 '굳이 엄마 손이 필요 없이도 너네가 그냥 잘하는구나'. 사실은 어떤 엄마들은 제가 보면, 학교 안 가면 조바심을 내는 엄마들이 있었어요. '내 아이한테 좀 잘 안 해주나, 선생님들이' 그런 조바심 내는 부모들이 있어 가지고 한 엄마는 자기는 "방학 때 되면 너무 싫다" 그랬거든요. 왜냐면 학교를 못 가서, 학교에 가면 방과 후에라도 학교를 가고 그러니깐. "선생님 가서 한 번이라도 봐야 되는데" 그랬었는데. 우리 애들은 그런 거는 관여 안 하더라고요. 그래서 오히려 더 편하게 직장생활도 하고 그랬던 것 같아요.

그리고 내가 정말 우리 애들한테 고마운 게 있어요(웃음). 소풍을 가. 그러니깐 유치원 때, 처음 유치원을 시작했잖아요. 유치원 때부터 그랬어요. 유치원 때도 미술학원을 다녔거든요. 근데 저는 아무런 생각도 없이 소풍을 갔다가 오면 미술학원을 보낸 거예요, 아무 생각 없이. 근데 우리 애들이 중학, 초등학교 고학년 때예요. 한 날 "엄마 나 학원 안 가도 돼?" 이래요, 소풍 갔다 와서. 그래서 "학원을 왜 안 가, 맨날 갔다 와서" 그랬어요. 그러니 "아, 그냥 가고 싶지 않은데" 이러는 거야. 그래서 "그냥 갔다 와". 소풍 갔다 오면 항상 일찍 오니깐, 늦게 오는 것도 아니잖아요. 그냥 가더라고요.

근데 그다음에 어떤 엄마가 이래. 우리 애들은 소풍 가고 그러면 학원을 안 보낸대, 애들 힘들까 봐. 그래서 내가 '어머, 힘들긴 힘들었겠다'. 그 차에 얼마나 시달렸겠어요. 그런데 저는 그거를 유치원 때부터 한 번을 안 빠지고 그냥 학원을 보낸 거야. 그래서 내가 그때 그랬어요. "미안하다"고, "엄청 힘들었겠다"고. 그 차에 시달려가지고 왔을 텐데, 걸어 다닌 것도 있고 그런데. 내가 그런 부분을 아이 입장에서 많이 눈높이를 안 해준 것 같아요. 그래서 내가 "고맙다"고. 근데 우리 애들이 착해서 그런지는 몰라도, 내가 "가야지, 왜 안 가" 그러면 그냥 가더라고요. 그래도 조금 말썽 피우는 애들 같으면 "아유, 나 안 가" 말썽 피우고 그럴 텐데, 힘들다는 말도 없이 그냥. 그러니깐 그렇게 가버릇하니깐 으레 그냥 갔다 오면 가는 걸로 하더라고요. 그래서 그런 것도 많이 미안한 거에 불쑥불쑥 떠오르고 그래요. 그래서 우리 혜경이는 제가 그래요. 언니랑 틀린 점은 자기 앞길을 자기가 많이 닦아놓고 시작하는, 엄마, 아빠 간섭 없이, 그런 게 있더라고요.

6
수학여행 준비 과정

면담자　　　수학여행에 대해서는 어떤 이야기를 들으셨나요?

혜경 엄마　　수학여행에 대해서요?

면담자　　　배를 타고 간다든지, 또 여러 가지 준비물은 어떻게 챙겼는지.

혜경 엄마　　우리 혜경이는 처음, 여행이라는 그런 거는. 제주도는 다른 집들은 가봤을지도 몰라도 우리 혜경이는 처음이고. 주말이나 아빠 휴가 때 지방, 경주 그런 문화유산이 있는 유적지는 다녔지만 제주도는 한 번도 안 갔거든요. 그리고 가겠다는 생각은 안 했던 것 같아요. 왜냐면 우리가, 나름대로 내가 계획했던 그런 게 있기 때문에 아직 그런 거는 생각을 안 했는데. 제주도 가니깐 신났지요. 배 타고, 올 때는 비행기 타고 온다고 그러니깐 신났지, 우리 혜경이가. 그거를 못 갈까 봐 애가 안달이 난 거예요. 가기 전에 임파선염으로 병원에 입원을 했는데.

면담자　　　언제부터 아팠었던 건가요?

혜경 엄마   우리 혜경이가, 3월. 거의 한 달 전부터 아팠던 것 같애. 한 3주 전이나 한 달 고 사이에.

면담자   몸살로 시작한 건가요?

면담자   아니요. 어느 날 갑자기 제가 토요일 날 주말 근무라 출근을 하는데, 그때는 아빠도 출근을 했어요. 그런데 혜경이가, 저는 자는 모습을 보고 출근을 했는데, 혜경이가 사진을 찍어서 보낸 거예요. "엄마, 나 목이 부었어. 이만큼 부었어" 이래. 그래서 "왜?" 이러니깐 "몰라, 엄마" 이래. 그래 가지고 "그럼 병원에 가봐야 하는데" 이랬는데 심하게 부었더라고요. 그래서 아빠가 데리고 병원에 갔거든요. 그랬더니 임파선염이라고, 입원을 하라고. 그래서 입원을 갑자기 하게 된 거예요. 처음부터 병원에서 제대로 했으면 그래도 혜경이가 빨리 저기 할 텐데, 병원에서 처음.

면담자   처음에는 동네 병원에?

면담자   네, 동네 병원에. 그래도 거기가 많이들 사람들이⋯, 웬만큼 저기 하는 병원이라, 고대병원 같은 그런 거는 아니어도⋯. (면담자 : 내과요? 이비인후과?) 아니요. 종합적으로 다 있어요. 그래서 거기 갔는데 처음에 처방을 잘못한 것 같아. (목을 짚으며) 그래서 여기를 자꾸 마사지만 해준거야. 그니깐 그게 차도가 없어 가지고. 그래서 저는 혜경이한테[하고] 입원하기 전에 며칠은 그냥 마사지만 하러 다닌 거예요, 병원으로. 그러다가 나중에 다른 의사 선생님이 보시고 "입원을 하라" 그래서 "임파선염이라 입원해야 된다"고 해서 입원을 한 거거든요. 그래도 씩씩하게 혼자 있겠다고, 제가 병원에서 잔다 그래도 못 자게 하더라고요. 그래서 그 학교 오빠가 저녁에 와서 놀아주고 그러고 간다고. 그래서 내가 "뭐 하러 온대. 여기 다 많은데, 다인실인데" 그러니깐 "뭐 어때" 우리 혜경이가. 제가 우리 혜경이가 책을 읽는 거를 못 봤어요. 근데 입원하기 전날 문고를 대출을 해 왔더라고요, 도서 대출. 근데 전부 다 탐정 그거야. 그래서 내가 "혜경아, 너 이런 거 좋아해?" 그러니깐 "어". 너무 재미있대 자기는. 그래서 '언제 저런 거를, 취미가 있나' 그랬어요. 이만큼 산더미처럼 해놓은 거예요. 그래서 "그거 어떻게 읽냐"고 하니깐 가지고 갈 거래 병원에. 그래서 '아, 그래도 가서 그런 거라도 읽고 있으려나 보네'.

면담자   그럼요. 만화책 아닌 게 저는 오히려 놀라운데요? 그렇다고 거기서 수학 문제를 풀고 있을 순 없잖아요.

혜경 엄마   그렇게 해서 갔어요. 지 볼 거 있고 그러니깐 "엄마, 힘들게 병원에서 자지 말어" 이래서 제가 하루만 잤어요, 하루만.

면담자   출발하기 한 달 전부터 혜경이가 아팠다고 하셨는데, 그럼 한 달 가까이 입원을 한 거예요?

혜경 엄마   아니요, 일주일. 일주일 병원에서 있고 그 후에 물리치료 계속 다니고 그랬는데. 일주일 입원하고 나서 퇴원하면서 검사를 하면서 "검사 결과에 따라서 다시 재입원할 수도 있다" 그랬거든요. 그런데 우리 혜경이가 병원에 있을 때 학교에서 사실 전화가 왔어요, 입원해 있을 때 선생님한테서. 혜경이가 수학여행 가는 동의서를 써야 하는데, 혜경이가 병원에 있어서 선생님이 자기가 해서 냈다고 해서 "아이, 잘하셨다"고. 저는 그때 당시에는 나와서 빨리 금방 가겠거니 그래서 "잘하셨다"고. 돈은 스쿨뱅킹에서 빠져 나가니깐 관계가 없잖아요. 그래서 혜경이한테 "선생님이 그거 했다고 해서 잘했다고 했어" 그러니깐 너무 좋아하는 거야. 자기 수학여행 못 갈 줄 알았는데.

그래서 "아유, 빨리 낫기나 해" 그러고 있다가 우리 혜경이가 퇴원을 했는데. 누가 그러더라고요, 주말 알바하는 친구가. 딸만 둘을 키우는 데, 거기는 보신탕을 그렇게 먹인대요. 그러면 아이들이 튼튼하대. 근데 사실은 저희 애들도 감기가 들고 그러지는 않아요. 그냥 계절별로 한두 번. 어디 아프거나 그러지는 않는데, 혜경이가 그러고 나왔으니깐. 그러기 전에도 제가 그 얘기 듣고 수시로 아이들을 수육을 사 먹였어요. 잘 먹더라고요, 둘이. 그래서 "비싼데 잘 먹네" 그랬거든요. 나왔는데 그거를 한 번 사 먹이고.

그다음에 아빠가 우리 혜경이한테 "너 뭐 좋아하니, 뭐 먹고 싶니?" 그러니깐. 새우를 참 좋아해요, 우리 혜경이가. 근데 아빠가 새우튀김 하는 데를 갔더니 거기가 문을 닫았는지 그래서 없어. 새우를 사다가 아빠가 데쳐서 다 해서 줬었거든요. 그래 가지고 우리 혜경이가 그때 [아빠를] 남다르게 아마 생각했을 거라고 생각해요. 그런 거 물어보지는 않았는데, 아빠가 그렇게 하는 거 일련의 과정 다 봤기 때문에. "아빠가 얼마나 너희를 사랑하는지 알고 있겠지" 그랬거든요.

그렇게 하고 학교에 있다가, 수학여행 간다고 그래 가지고 일주일 뒤에 갔는데… "입원 안 해도 된다" 그러니깐 애가 그냥 날 듯이 그렇게 좋아하더래요, 아빠가 그러는데. 수학여행 가는 거에, 제가 그랬어요. "너 준비 뭐 할 거 있어?" 그러니깐 하나도 준비하지 말래요. 그래서 "어, 수학여행 가면 그래도 과자도 있고, 당일 날 과일도 먹어도 되고" 그랬더니 아니래. 친구들끼리 용돈 모아가지고 다 한꺼번에 박스로 사놔서 안 해도 된대. 그냥 자기 필요한 것만 가지고 간대. 그래서 "그래?" 하고. 그런데 우리 혜경이가 "엄마, 근데 자기는 이건 안 사줘도 되는데 그냥 추리닝 바지 하나만 좀 샀으면 좋겠다"고. 그래서 "왜?" 그랬더니 그냥 편하게 입고 싶다고. 그래서 추리닝을 아빠랑 셋이서 뱅뱅 매장에 가가지고 싼 거 하나 사가지고. 우리는 키가 다 작으니깐 뭐든지 다 줄여 입잖아요. 제가 그날 오면서, 아빠는 "좋겠네, 어쩌네" 그러면서, 얘기하면서 집에 와서 저는 그거를 수선을 하고. 전날. 우리 혜경이는….

면담자   어머님이 직접 잘라서 수선을 하시나요?

혜경 엄마   네.

면담자   집에 재봉틀이 있으세요?

혜경 엄마   아니요. 아뇨, 그냥 손으로(웃음). 그리고 우리 혜경이는 캐리어 그 오빠 거 [가져갔어요]. 사실 캐리어를 하나 사달라 그랬어요. 사줘도 되지. 근데 그거 수학여행 갔다 오고 누가 써, 그거 안 쓰지. "혜경아, 그거 한 번 쓸 건데 돈 들여서 사가지고 그거 낭비 아니냐" 그랬더니 "아유, 그래도 사고 싶은데" 이래. 그래서 "엄만 근데 좀 아까운데" 그랬어요. 그래도 그거 보채지 않고 그 선배 오빠한테 빌렸더라고요. 근데 지 마음에는 그게, 마음에 안 드는 색깔이지. 어른들이 가지고 다니는 거니깐. 요즘 지 친구들은 알록달록하고 그런 색일 텐데. 그래도 그거 빌려 와가지고 거기다가 전부 다 지꺼 [챙겼어요]. "엄마가 해줄까?" 그랬더니 아니래. 자기가 다 챙겨놓은 다음에 그리고 "엄마, 이렇게 하면 되지?" 그러고 보여주더라고요. 옆에서 얘기해요. 그래서 "됐어, 그렇게 하면 됐어" 이랬는데.

가기 전에 우리 큰애 청남방이 있어요. 그거를 혜경이가 가지고 간다고 거기다 개놨어. 그랬더니 우리 큰애가 지 방에 누워 있다가 청남방 얘기를 듣고는 "야, 너는 주인한테 허락도 안 맞[받]고 가지고 가냐?" 이런 거야. 그게 뭔 볼멘소리가 아니고 그냥. "야, 너는 주인한테 허락도 안 맞고 가지고 가냐?" 그런 거야. 그니깐 우리 혜경이가 [언니] 고 코앞에 가지고 가서 (손을 치켜 들며) "야, 봤지, 나 이거 가지고 간다" 그런 거야. 그래서 내가 "아유, 별거 아닌 것 가지고 그러네" 그러면서 다 해놓고 뚜껑을 닫았어요. 제가 그 뚜껑 닫은 거를 안 봤으면 사실은 우리 혜경이 캐리어 올라온 거를 못 봤을지도 몰라요. 그런데 언뜻 보니까 (맞은편을 가리키며) 요런 [카키]색이더라고요. 언뜻 그게 이제 남아 있는 거야. 누가 이런 일이 있을 줄이야 알았어요.

그래 놓고 또 한 번 "너 진짜 뭐 필요한 거 없어?" 하니깐 "아이, 준비 안 해도 된다"고. 그냥 우리 먹는 것만, 아니 자기 옷가지만 하면 된다고 그래서 그렇게 챙겨놓고는 그냥 그날 저녁은 그런 걸로 끝났어요. 그리고 우리 혜경이는 그게 있…, 자기가 학교에서 그거 준 거 준비물 상의나 아니면 방 배정표나 그런 거를 우리한테 "엄마, 이렇게 누구랑 이렇게 이렇게" 그런 거는 말로는 했어요, 말로만. "엄마 나 A랑 같은 방이야". A랑 같이 있으니깐 좋다고, 중학교 그 같이 친했던 친구. 그래서 "그래, 좋겠다" 그랬거든요. 그 얘기만 했지 그런 거는 저희가 안 봤어요. 그게 좀 그랬던 것 같애. "너네들이 알아서 해. 학교 다니면서 너네들이 할 수 있는 거는 너네들이 해야 해". 그래서 그런지 몰라도 그냥 특별하게 돈이 필요해서 사는 거는 얘기를 해도 그렇지 않은 거는 그냥 지네들이 알아서 한 것 같아요. 그러니까는 그 이후에 이런 상황이 있을 때 정작 '우리 혜경이가 몇 반이었지?' 그거를 모르는 거야. 근데 그런 부모님들도, 아마 저 같은 부모님들도 많았을 거예요. 몇 반이지, 그걸 몰랐던 분들도.

가기 전날은 특별하게 그런 거는 없었어. 다 똑같겠지 뭐, 어느 집이나 준비하고 그런 상황. 그거는 있었지, 혜경이 그런 거는. 아빠가, 특히 아빠가 더 좋아했지. 수학여행 가면 재밌다고. 그러면서 "야, 그래도 아빠는 제주도도 그런 데로도 안 갔는데 너는 제주도로…" 오히려 그런 거를 아빠가 더 얘기를 많이 해줘요. "친구들끼리 가면 얼마나 재밌는 줄 아냐"고 그러면서 "재미있게, 친구들이

105

2회차

랑 재미있게 보내라"고. "수학여행이 학교 다니면서 제일 꽃이니깐 그것처럼 좋은 게 없다"고. 그래서 아빠가 "재밌게 놀고 오라"고.

저희는 그냥 그런 것 같아요. 혜경이가 친구들 관계도 보면 음…, 물론 친한 애들, 누구나 다 친한 사람들끼리만 친하고 그런 게 있잖아요. 근데 혜경이도 친구들 동아리처럼 같이 어울리면서 그 친구들을 혜경이는 많이 자기편으로 감싸더라고요. 애가 그런 말은 했었어요. 아빠가, 혜경이가 토요일 날 그럴 때에 나간다고 그러면, "뭐 하러 가" 그러면 "춤 연습하러 간다" 그러면. 아빠가 "좀 그런 친구들 아냐? 나쁜 쪽으로" 그러면 우리 혜경이는 항상 그랬어요. 중학교 때도 그랬어요. 자기가 지금 친하게 지내는 그 친구들 "다 공부 잘한다"고. "나보다도 다 공부 잘하는 애들"이라고 항상 그랬거든요. "그 친구들 문제 있는 애들 아니라"고, "걱정하지 말라"고. 항상 친구들을 그렇게 얘기하더라고요. 그런데 아빠가 이런 일이 있고 나서 보니깐 그 말이 맞는 것 같다고. "혜경이 말이 맞는 것 같다"고, "친구들 다 착하고, 잘 자기 앞길 하는[가는] 친구들인 것 같다"고 그렇게 얘기하더라고요. 병원에 있을 때도 친구들이 많이 와주고 그랬더라고요. "엄마보다 낫다"고 제가 그런 얘기를 했었거든요.

혜경 엄마 유인애

수학여행 출발 당일

혜경 엄마　　그러니까 수학여행 그날. 그 전날 그렇게 하고 수학여행 가는 날 아침은 다 각자 자기 일 했어요. 다 각자 자기의 일이 있던 거지. 아빠는 아침 출근하느라고 자기 화장실에 있고. 큰 아이는 그때 학교를, 대학 그러니깐 조금 늦게 가는지 지 방에 있었고. 그런데 저는 항상 설거지를 늦게 했거든요, 아이들 간 다음에. 그런데 그날은 설거지를 좀 [일찍] 했어요. 왜냐면 그랬던 것 같아, 설거지감이 많지가 않아서. 혜경이를 아침에 제가 유부초밥을 싸줬어요, 유부초밥을 싸주고. 아침은 그냥 우리 혜경이가 밥을 안 먹고, 항상 머리 손질하고 자기 화장하고 그러는 데 온 신경, 온 시간을 다 허비해. 그래서 제가 항상 아침에 거기 신발장 거울 이렇게 제껴놓고 거기에 앉아서 혜경이 머리하고 막 그러면 옆에서 사과 하나 까서, 썰어가지고 혜경이 옆에서 먹여주고 항상 그랬어요. 빈속으로 보낼 수 없으니까, 아침. 그래서 아침은 그냥 사과 먹이고, 유부초밥은 가져가서 먹으라고, 그래서 짐이 좀 많지 뭐. 그거 캐리어에다가 또 쇼핑봉투 뭐 다른 거, 자기 교복 그런 거 넣고 그래서 몇 개 들고 가더라고요.

근데 가기 전에, 우리 혜경이가 그 말 안 했으면 몰랐지. "엄마, 나 간다" 그래요. 난 설거지하고 있는데, 아빠는 화장실에 있고. 아빠는 마주 보고 직선으로. 그래서 내가 "그냥 와, 다시 들어와" 그랬어요. 그랬더니 엘리베이터가 올라와 있대요. 그래서 그럼 "엘리베이터 놔두고, 내려가게 내버려 두고 들어와" 그랬거든요. 부엌에서 설거지하면서 그랬거든요. 그랬더니 "왜애?" 그래. 그래서 "그냥 빨리 들어와 봐" 그랬어요. 그랬더니 설거지하는데 뒤에서 "엄마" 이래서 "으응… 잘 갔다 오라고" 그러면서 안아줬어요. 그게 항상 버릇이니깐 안아줬어요, 소풍 가면 해주던 버릇이라. 그래서 안아주면서 "잘 갔다 와" 그러고 우리 혜경이가 간 거예요.

그날 상황이, 일이 그렇게 되고 보니깐 아빠도 후회가 되고 언니도 후회가 되고. 왜 자기네는 그렇게 못 해준 게, "그래도 엄마는 안아주지 않았냐"고, "마지막으로 안아주지 않았냐"고. 그래서 아빠랑 큰애가 그러더라고요. "갔다 와" 그러면서 그랬는데. 제가 엘리베이터에, 저는 지금도 [혜경이] 아빠가 조금 미울 때 서로 의견이 트러블이 있을 때, 그런 걸로 치면 아빠가 술을 드서가지고 저기하면 그다음 날은 미우니깐 제가 저녁에 퇴근해서 와도 안 내다봐요, 그런 날은. 근데 그렇지 않으면은 항상 저는 퇴근해…, 아침에 출근할 때도 퇴근할 때도 항상 거의 맞이해 줘요, 엘리베이터에서. 그리고 올 때는 현관에서 들어오는 거 "수고하셨습니다" 거의 그렇게 해주거든요. 우리 혜경이 가는 것도 밖에서 현관문 이렇게 걸치고 열면서 "갔다 와" 그랬는데.

우리 혜경이가 그날 저녁에 출발하면서 학교에서 오전 수업을 하고, 수업하는 것도 조금 그런 거는 신경을 안 썼어요. 왜냐면 그것도 맞춰서, 나는 그런 생각은 했었어요. '아유, 하루 그냥 까먹네'

그런 생각은 했었어요. '그래도 가서 일찍 가서 조금 여기저기 구경 하면 좋은데' 그랬는데 저녁에 간다니깐, 제가 퇴근하는데 아빠가 저한테 톡을 보냈어요, 사진을. "혜경이 출발한다고 보냈네" 이래 요. 그래서 내가 "버스에서 찍은 거야, 왜 엄마한테는 안 하고 아빠 한테만 했지?" 그랬더니, "그래?" 아빠가. "몰라, 나한테만 왔는데" 이래요. "응. 알았어" 이랬는데. 그날 제가 거의 집에, 집은 아니고 집에 있는 상가 있는 데 왔는데 우리 혜경이가 전화를 했어요, 저 한테. "엄마, 지금 어쩌면 안 갈 수도 있대". 그러는 거예요. 그래서 "왜?" 그랬더니 "안개가 너무 껴가지고 안 갈 수도 있대". 그날 안산 도 엄청 안개가 심했거든요.

면담자　　　그때가 몇 시 정도였나요?

혜경 엄마　　그때 거의 7시는 됐을 거예요. 제가 6시에 퇴근하면 서 걸어서 갔거든요. 걸어서 가면 한 6시 50분쯤 됐을 거예요.

면담자　　　그런데 전화가 와서 안개 때문에.

혜경 엄마　　네. 거기 신호등이, 우리 혜경이랑 또 한 번 그런 기 억이 있어요. 혜경이가 건너편에서 나를 이렇게 기다리, 쳐다보는 그런 일들도 있었던 그 신호등인데. 거기에 서 있는데 "엄마, 안개 가 너무 껴서 안 갈 수도 있대" 그러더라고요. 그래서 "그래, 여기 도 엄청 껴 있어" 그러면서 "야, 이 정도로 안개가 심한데 거기는 바닷간데 더 심하지" 그러면서 "그러면 안 가면은 다시 와" 그랬어 요. 그랬더니 "몰라, 안 갈 수도 있대" 이래요. 그때서야 제가 그랬어요. "그럼 다음에 우리 식구 넷이 제주도 가면 돼" 그랬거든요. 그러면서 "수학여행 못 가면 할 수 없는 거야. 있다 보면 유별나게 수학여행, 소풍 가는 날 비 오고 그래" 그랬거든요. 그랬더니 "몰라, 조금 기다려본대" 그러더라고요. 그러더니 9시에 제가 방을 걸레질하고 있는데 전화가 왔어요. "엄마, 출발한대" 그러더라고요.

면담자　이미 배를 탄 상황이었나요?

혜경 엄마　그때는 안 탔어요.

면담자　네, 아까 7시쯤에는 타기 전이고, 이제 9시에 배를 타서.

혜경 엄마　"엄마, 이제 출발한대" 그러더라고요. 그래서 "어, 어떻게?" 그랬더니 "응, 그냥 출발한대" 그러더라고요. "가서 잘 갔다 와". 우리는, 그런데 아빠는 그렇고 저도 그렇고 일단 배 타면 그 또래들끼리 얼마나 재밌겠어요. 그니깐 전화를 안 해요. 왜냐하면 방해될까 봐. 그래서 차라리 '도착할 시간을 아니깐, 몇 시간 정도 걸린다는 거 얘기, 혜경이가 말로 했으니깐 그 시간쯤에 전화하면 되겠지' 그러고 전화 그 이후에는 한 번도 안 했어요. 통화하고, 아빠도 그렇고. 혜경이랑 통화하고 나서 9시 넘어서, 그리고 안 하고.

8

참사 당일

혜경 엄마   아빠가 그다음 날 아침에 일찍 일어나야, 항상 6시 되면 일어나거든요. 그니깐 아빠가 전날 안개도 그렇고 그랬으니깐 전화를 한 거야. 그런데 안 받지. 애가 그렇게 일찍 일어나나, 아이들이. 밤새도록 놀았을 텐데. 그래서 안 받으니깐 우리는 또 해도 안 받고 그러니깐 밥 먹고 나서 출근을 하면서.

면담자   그래도 새벽에 일찍 전화를 해보셨군요.

혜경 엄마   네. 그리고 출근하면서 아빠가 "내가 전화를 몇 번 했는데 안 받는데", [나보고] 한번 해보라고 그래요. 그래서 제가 그랬어요. 워낙 또 우리 혜경이가 잠꾸러기예요. 그래서 내가 "아유, 밤새도록 친구들이랑 놀고 늦게 잠자나 보네. 밥이나 먹었으려나 모르겠네" 그랬거든요. 그러면서 제가 전화를 했어요. 근데 안 받더라고요. "안 받아, 자나 봐" 이랬어요. 근데 가다가 아빠가 또 한번 더 해보래. 근데 저는 그 안개를 아침에는 생각을 못 했던 거예요. 근데 아빠는 그 안개를 계속 생각을 했나 봐. 그래서 또 전화를 해보래. 근데 했는데도 또 안 받아요. 그래서 '안 받네…'.

면담자   그때는 한 아침 7시쯤 됐을 때인가요?

혜경 엄마   아니죠. 그때는 8시 반도 넘었죠.

면담자   아버님이 6시 좀 넘어서 전화하시고….

혜경 엄마   그 사이에 계속한 거지. 그니깐 안 받는다고 그랬더니. 내가 "아유, 자나보네, 잠꾸러기라" 그랬거든요.

면담자   8시 반까지 전화를 또 안 받았는데, 그때 다른 문자라든지 그런 연락은 전혀 받으신 건 없구요?

혜경 엄마   그런 거는 없고. 떠나기 전에는 학교에서 의무적으로 "잘 다녀오겠습니다" 그런 것만 왔고 없었거든요. 그런데 회사에 출근을 해가지고 청소를 하는데 같이, 지금은 저 혼자 있지만 그때는 같이 있던 동료가 있었어요. 그이가 먼저 컴퓨터를 틀었거든요. 청소 다 마무리하니깐 9시쯤 됐어요. 근데 그이가 먼저 컴퓨터를 켜더니, 그이는 컴퓨터를 켜기 전에 그러니깐, 컴퓨터를 켠 이유가 그이는 문자를 보고 켠 것 같아. 그이도 똑같이 아이가 딸 둘이 단원고를 다니거든요. 1학년, 3학년.

　그런데 그 부모가 자기네 딸들 친구 엄마가 문자가 온 거야. 지금 뉴스에 이런 게 떴다고 그런 거야. 그니깐 이이는 이제 알고 있는 거지. 근데 그거를 나한테 얘기는 못 하고 "언니, 컴퓨터 안 켜요?" 이래요. 아무 저기 없이 대뜸 "언니, 혜경이랑 통화해 봤어요?" 이래요. 그래서 "아니. 오면서 몇 번 했는데, 얘네 아빠도 일어나자마자 하고 오면서도 몇 번 했는데도 안 받네. 우리 혜경이가 잠이 좀 많아서 잠자나 봐" 이랬거든요. 그랬더니 "그래요, 학교에서 아무것도 안 왔어요?" 그러니깐 "아니" 그랬거든요. 그러고 나서 있는데 그이가 "언니, 컴퓨터 좀 빨리 켜보라"고 그래서 "왜?" 그랬더니 음…. "단원고 무슨 수학여행 뭐라고 배가 나오는데, 언니 한 번 빨리 보라"고, 인터넷 좀.

그래서 그때서야 보니까 그런 화면이 나오더라고요. 그래서 아빠한테 전화를 했지. 그랬더니 아빠도 회사에서 직원들이 얘기를 해서 그런지, 아니면 아빠가 자기가 컴퓨터를 켰는데 그런 게 있어서 봤다고 그런 것 같구나. 그러면서 그러더라고요. 빨리 오라고. 저 있는 데로. 그래 가지고…. 미친 듯이 같이 있는 이한테 그러면서 울면서 그냥 뛰쳐나왔지 뭐, 밖으로. 그러니깐 아빠가 왔더라고요.

아빠랑 "일단은 학교로 가자. 애 학교로 가야 뭐가 어떻게 된 건지 아니깐". 그래서 학교로 갔지. 학교에 갔는데 그 당시에는 그래도 많이는 안 왔더라고요. 그니깐 우리가 조금 빨리 간 것 같더라고요. 나중에 엄마들 얘기 들어봤더니 어떤 엄마는 늦게 알았다 그러고. 회사에서 일하다가 또 늦게 알았다고 그러더라고요. 그래 가지고 가서 어느 교실로 가니깐 거기 부모님들이 몇 명이 계시더라고요, TV 틀어놓고. 저는 사실 그때도, 지금도 저기 한 게 왜 그때 끝까지 선생님들한테 항변을 못 한 게 조금 그래요. 오히려 그때 그 교실에서 선생님이 우리한테 더 호통을 치듯이 큰 소리로 막 말을 하더라고요.

면담자   무슨 말을 해요?

혜경 엄마   그러니까 뭐 "기다려보라"느니 막 이러면서. 근데, 음…. 그게…(한숨). '그냥 기다리고 있어야 되는 건가' 그러고 있는데, 한 엄만가가 막 삿대질하면서 그랬어요. 그러고 있다가 그 선생님이 나갔어요.

면담자   그 선생님이 누군가요, 혹시.

혜경 엄마   모르지요, 모르지. 그때 잠깐 본 얼굴이라 만약에 지금 본다고 해도 잘 못 저기 할[알아볼] 거야. 그래 가지고 있다가 혜경이 그 선배가 음…, 어머님들 다 부모님들 그 체육관인가 거기로 오라 그래 가지고 그리로 갔거든요. 거기서 있으면서 음…. 저는 그런 게, 내가 앞에서 중얼거렸어요. 화면 거기서 자막이, 그니깐 참…. '우리가 뭘 몰라도 우리가 참 많이 모르는구나' 저는 그때 느낀 게 뭐냐면, TV 자막이 계속 똑같은 게 지나가잖아요. 저는 그런 상황이라면, 그런 사고가 난 상황이 그렇게 사진이, 영상이 뜨고 그랬다 그러면 밑에 있는 자막은 그때그때 나오는 걸로, 그 상황이 나오는 걸로만 인식을 했던 것 같아. 그래서 제가 그랬어요. "왜 밑에 지금 다 구하고 '전원 구조'라 그러는데, 근데 왜 저 밑에는 자막이 그렇고, 뭐 또 말은 무슨 뭐 투입되고 그런데 왜 틀리지?" 내가 그랬어요. 그랬더니 내가 그 얘기를 했는데 옆에 아버님인가 누가 다른 아버님도 저랑 똑같은 생각인지 몰라도, 막 뭐라 그러더라고요. "지금이 이래서 틀리는데" 그러면서 따지더라고요.

그러니깐 그때서야 이게[알게 된 게] 완전히 자막이 사실 내용이 아닌 거더라고. 그래서 거기서 또 그렇게…, 열의를 가지고 하시는 부모님에 의해서 그래도 조금 '아닌 거는, 그런 게 조금 틀린 부분이 있구나' 그런 거를 느꼈지. 그래 가지고 아빠가 차는 그냥 학교에다 놔두고 버스 편 [마련]했다니깐 가자고. 다른 부모님들은 아이가 생존자에 있으면 혹시, 왜냐면 그때 1차적으로 나왔던 사람 명단 말고 또 오고 있다니깐, 아이들을 데리고 오고 있다니깐, 배가. 그러니깐 다른 부모님들은 음…, 생각 있는 부모님들은 진짜 새 옷 그거를 준비해서 가져간 부모들이 있더라고요. 젖은 옷 입히지 않으려고. 애가 오면 옷 갈아입히려고. 근데 저희는 그런 생각도, 저는 그런 생각도 안 하고 그냥 버스 타고 간 거야.

면담자   잠시만 제가 당일 시간대를 확인할게요. 집에서 6시 넘어서 아버님이 전화를 해보셨고, 또 어머님이 8시 넘어서 전화를 집에서 하셨고요. 그리고 회사 출근은 9시까지 하시나요?

혜경 엄마   9시까진데, 회사에 가면 보통 8시 40분, 그래요.

면담자   그럼 보통 집에서 회사까지 얼마나 걸리세요?

혜경 엄마   한 25분, 30분 그렇게 걸리지요.

면담자   아버님이 전화해 보고 혜경이가 자는 것 같다고 해서, 집에서 같이 전화를 해본 거는 8시 조금 넘었을 때고요. 그다음에 어머님도 출근하시고 아버님도 출근하신 거죠?

혜경 엄마   출근은 같이하니깐.

면담자   아…, 같이하세요.

혜경 엄마   예. 같이 그 아빠 차 타고 가니깐, 그 차 안에서 또 아빠가 전화해 보라고 그런 거지.

면담자   아…, 그리고 아버님이 어머님을 내려드리고.

혜경 엄마   저를 내려놓고 그리고 아빠는 간 거지.

면담자   출근하는 길에도 전화를 한 거고, 회사에 도착해서서 컴퓨터 켜고 기사를 보고도 전화를 해보셨나요? 혜경이한테?

혜경 엄마   안 했…. 그리고 저는 안 했… 안 했어요.

면담자   아버님한테 전화해서 빨리 가봐야 될 것 같다고.

혜경 엄마   응.

면담자   그때 이후로는 혜경이와 연락을 시도하시지는 않고, 빨리 학교 가서 어떻게 됐는지 알아봐야겠다 하신 거죠?

혜경 엄마   그리고 일단은 다 전원이 구조가 됐다니깐. 그리고 "생존자가 지금 오고, 또 생존자를 어디서 데리고 오고 있다" 그러니깐 우리는, 그 당시에는 또 사망자가 별로 없었잖아요. 그래 가지고 나머지 사람들은 다 살아 있는 걸로만 우리는 생각을 한 거지. 그래 가지고 가면서 어디쯤인가(한숨), 기억도 안 나. 어디쯤에 갔는데 그게 상황이 완전히 뒤바뀌었지.

면담자   버스에 부모님들이 가득 타서 가셨잖아요.

혜경 엄마   예.

면담자   가시는 길에 버스 안에서 어떤 일이 있었어요? 소식을 들은 어머님이 울거나 이런 일은 없었나요?

혜경 엄마   그런 거는 없고.

면담자   없었어요.

혜경 엄마   우리 앞에 생존자 엄마가 있었어요. 근데 생존자 엄마는 딸이랑 통화하더라고.

면담자   아, 앞좌석에?

혜경 엄마   네. 근데.

면담자   누구 엄만진 모르지만?

혜경 엄마   이름은 뭐라 그러는데. 얼굴은 봤어요, 한 번. 한 번 우리가, 제가 광주법원에 갔을 때 거기 왔더라고요. 그래서 그때 봤어요. 우리 앞좌석에. 근데 왜 유심히 봤냐면 그분을, 생존자라. 그리고 딸이랑 통화하고 그러는데 그게…. 저는 그랬어요, 조금…. 여기 우리는 아이들이랑 통화를 못 하고 있는데 거기는 통화하고 있으니깐 저는 좀 그랬어요. '에휴. 조금 밖에 나가서, 차가 섰을 때 밖에 나가서 하지. 여기 다 아직 생사를 모르는 엄마들인데' 그런 생각이 있었는데. 나중에 우리 애기 아빠도 그러더라고요, "너무 얄미웠다"고. 그 엄마가 어느 순간에 완전히 숫자가 바뀌면서는 그 엄마 좀 조용하게 있는 것 같더라고. 그래서 뭐 숫자 바뀌고 나서는 이제 다 엄마, 아빠들이 거기서 난리 났지, 차 안에서.

면담자   버스에서 차웅이 얘기는 못 들으셨나요?

혜경 엄마   차웅이 얘기는…, 거기 그… 저기 뭐야…. (면담자 : 가는 길에) 방송에서?

면담자   가면서 부모님들 중에 핸드폰으로 소식을 보고 말씀하신 분은 없었는지?

혜경 엄마   아니, 그런 말씀하시는 분들은 없는 것 같은데?

면담자   차를 타고 가면서, 그때 버스가 한 대가….

혜경 엄마   아니에요, 몇 대 갔어요. 다섯, 여러 대 갔어요.

면담자   차마다 상황이 조금 달랐었던가 보네요.

혜경 엄마   제가 타고 간 차에는 그런 얘기 그런 건 없었는데.

면담자   차에 따라서는 부모님들께서 소식 듣고 울부짖고 쓰러지시는 경우도 있고, 좀 다르거든요. 어머님이 타신 차는 조용하게 가고 앞좌석에 있었던 [분이] 딸하고 통화하는…. 그럼 버스 안에서도 전화 시도는 안 해보셨나요?

혜경 엄마   저는 안 했어요. 왜냐면 영상 그림이, 그때는 이미 배가 거의 다….

면담자   빠졌을 때?

혜경 엄마   네…. 그래서 제가 그때는 숫자 바꾸고, 바꾸기 전에도 저는 사실은 우리 혜경이가 전화를 안 받는 게, '저래서 안 받을 수도 있었겠구나' 그런 생각도 있고 그랬는데. 사실은 나중에 그거는 진도에 가서 알은 일이지만. [선배] 오빠가 우리 큰애한테 얘기를 했는지, 우리는 내려가고 큰애도 내려간다고 그러는 걸 제가 "여기[안산] 있으라"고 그러니깐, 그 선배 오빠도 지도 갔으면 하더라고요. 그래서 그냥 여기 있어서 학교에서 무슨 다른 일 들어오고 그런 거 있으면 연락해 달라고 그래 가지고 큰애랑 둘이 학교에 있었거든요. 그때서야 들은 얘긴데 우리 혜경이가 그랬대요. 자기 핸드폰은 잘 안 잡힌대요. 그래서 통화가 잘 안 된대.

면담자　　　신호가 잘 안 잡힌다고요?

혜경 엄마　　네. 그래 가지고 그 오빠한테도 그랬대요. 자기가 "저녁에 늦게 [전화]하고 나중에 일어나면 한다" 그랬대나. 하여튼 그 오빠한테 그랬대, 자기 거 "신호가 잘 안 잡혀서 통화가 잘 안 된다"고. 그런데 그건 나중에 안 얘기지. 그런데 우리는 그건 모르고. 그 기기마다 다 특성이 있다면서요. 어떤 애 거는 잘 되는데 어떤 사람 거는 안 되고. 우리 혜경이 거는 잘 안 됐나 보더라고요. 우리는 그런 것도 모르고. 그거는 나중에 안 거지만 저는 사실은, 처음에 인터넷에서 영상 봤을 때 이미 많이 기울어진 상태였거든요. 그래서 '배가 저렇게 됐을 때는 빠져나올 수 있을까' 그런 생각이 든 거예요. 그래서 '살아 있으면, 살아만 있으면' 이런 생각 하고 있는데… 일단은 그래도 사람이, 배가 저렇게 되면 수영도 못 하는데 그 물살이라는 게 배 안으로 들어오는 게 있는데.

　　그러면서 내가 아빠한테 "[혜경이가] 잘못됐으면 어떻게 하냐"고

차 안에서도 제가 계속 울면서 그랬더니, 아빠는 좀 침착해요. 그냥 "침착하게 있으라"고 계속 그러더라고요. 근데 그 숫자 바뀌면서는 아빠도 울더라고요. (떨리는 목소리로) 자기는 나한테 침착하라 그러고 있었지만 숫자 바뀌면서는 자기도 나랑 똑같은 마음을 그때는 가지고 있는 것 같더라고요. 그래 가지고 사실은 그거를[영상을] 보기 전에는 잔다고 생각했는데. 저는 저 바다에, 깊은 바다에 배가 저렇게 됐으면…. 저는 그 영상 보면서 혼자 그랬어요. '만약에 아이들이 구명조끼를 했[입었]다고 하면 밖에라도 이렇게…'.

면담자   둥둥 떠 있고.

혜경 엄마   그래야 되는데 그런 게 전혀 없잖아요. 그래서 저는 '잘못됐나 보다' 그런 생각을 많이 했지. 그리고 '전화를 해야지' 그런 생각도 안 들었어요. 일단 배가 침몰했다는 거 그거에만 가 있으니깐. 그래서 아빠랑 내려가지고 급하니깐 진도에 가가지고 생존자 명단 있는데 이름을 볼, 이름만 볼 그런 시간적 여유가 없어요. 끝에만 보는 거야. '경' 자만 쭉. 그래서 '경' 자 나오면 이름 이렇게 보는데 없더라고요. "혜경이가 없네" 그러면서 진도체육관에 들어가 가지고, 거기도 생존자 명단이 있다고 하길래 갔더니 밖에랑 똑같은 거야. 그래서 내가 그랬지. "아니, 밖에 거랑 똑같은 거 해놓고 있으면 어떻게 하냐"고 애네 아빠한테 그랬어. "밖에 거랑 똑같네" 그랬더니. 근데 한 사람이 "지금 또 생존자가 들어오고 있다"고. 근데 그런 게 다 거짓말이야, 그게. 이미 그 애들이, 처음에

온 애들이 그게 다였던 거지.

　저는 그냥 그랬어요. 왜냐면 아침에 그 사고가 났잖아요. 그러면 행정적인 그런 게 연락이 되어서 차라리 부모님들을 진도체육관에 계시지[계시라고 하지] 말고, 팽목항이 그렇게 먼 줄은 몰랐지. 그래서 처음에는 팽목항이라는 그 항구 이름도 머릿속에 들어오지 않는 거야. 생전 듣도 보지도 못한 이름이. 그러니깐 무슨 항, 무슨 항 그러다가. 차라리 부모, 유가족들을 거기 다 가 계시라 그랬으면 오히려 더 나았을 거라고 저는 지금도 그래요. 왜냐면 진도체육관에다가 놓고 그냥 방송만 해대고. 아이들은 아이들대로 우리가 가서 받아 온, 올라온 애들은 데려오지도 못하잖아요. 그냥 어느 병원에 있으니깐 그리로 가라고. 그러니까는 제가 그랬어요, 아빠한테. "팽목항 갔을 때 그냥 거기 있지 왜 왔냐"고. 그니깐 저는 진도체육관에 있고 아빠랑 시댁 식구들, 아주버님들이랑은 팽목항에 갔다가 밤이고 그러니까, 비도 오고 그러니까 다시 진도체육관으로 오신거야. 저만 진도체육관에 남겨놓고. 후회스럽더라고요. 그냥 차라리 그때 누군가가 거기 있었으면 혜경이 바로 데려올 수 있을 텐데. 그것도 마지막으로 내 손으로 못 받아주고.

　진도체육관에 있으면서 우리 형님이, 바로 위에 형님이랑 같이 있었거든요. 형님이 내려오서서 가지고 같이 있는데, 저는 그런 일이 처음이니깐 모르는데 우리 형님은 딱 아시더라고. [주변에] 다 사복 경찰들, 정보과 그런 사람들이라고 그렇게 얘기하더라고. "어떻게 아세요?" 내가 그랬더니 "다 그런 사람들"이라고 그러더라고. 그날 하루 저녁 저기 하고[기다리고]. 그다음 날, 17일 날 있는데 그냥 거기만 죽치고 앉아 있는 것밖에 안 돼요. 팽목항 거기는 귀도 안 들어오고. 거기 있으면서 혜경이한테 전화를 해봤지. 16일 날 저녁에 그때서야 "엄마 전화 받을 수 있으면 받아라" 그러면서 문자도 보내고 했는데. 그게 받아지나, 안 받아지지. 그래서 17일에 죽치고 거기만 있었지, 다 부모님들도 거기만. 그래서 행정적인 거로 조금…. 아이들 데리고 오면 항구 입구에서 여기[진도체육관]까지 바로 오는 게 아니고 거기[팽목항] 있으면은 그냥 모든 건 거기서 하게끔 했으면 참 좋았을 텐데…. 지나서 그런 생각을 하는 거야. 그래 가지고 그날 그냥 거기 다 같이 끼어 있는 데서 있었던 거지. 그 부모님들이랑 다 끼어서.

〈비공개〉

혜경 엄마 　　　첫날, 저녁에 왔는데. 근데 제가 그 얘기를 듣고 느낀 게 경험한 게 뭐냐면, 제가 회사일 때문에 그다음 날이야. 회사일 때문에, 일단 초저녁에 우리 혜경이가 생존자 명단에 있다는 걸 우리 아주버님이 봤다는 거야. 내가 화장실 갔다 오니깐 "제수씨, 혜경이 살아 있다"고 "생존자 명단이 있다"고 그래서 "무슨 생존자 명단이 있대요" 그러니깐 있다고 저 앞에 가서 보라고. 자기가 확인해 봤대. 가서 비집고 들어가 봤더니 진짜 있더라고요, 생존자 명단에. 그래서 '이제 데려오기만 하면 된다' 그래 놓고는 좋아하는 내색도 못 하고 그냥 속으로만 그러고 있던 거야. 왜냐면 그 생존자 명단에는 없는 애들이 있으니깐. 그 부모들이 옆에도 있으니깐.

면담자　　　그니깐 맨 처음에 16일 날 오셨을 때는 없었는데.

혜경 엄마　　없었는데.

면담자　　　17일 아침에.

혜경 엄마　　응. 그니깐 아침이 아니라 그때가 한…, 한 5시나 4, 5시나 그랬을 거야. 오후. 그래 가지고 좋아 가지고 그러고 있었던 거야. 근데 그걸 알고 있으니깐 내색을 못 하고 있는데 애기 아빠한테 내가 그랬지. "그러면 언제 데리고 오냐"고. 그랬더니 "빨리 가서 그러면 잠수사를 투입을 해서라도 애를 데리고 와야지" 그러니깐. 그때 또 뭔 얘기를 했냐면, 혜경이의 3학년 선배 오빠도 그러는 거야. "갑자기 이렇게 데리고 오면 그 수압인지 그런 것 때문에 고막이 터질 수도 있다"고 그런 것도 얘기를 하고. 또 얘네 아빠도 어디서 들었는지 또 그런 얘기를 하는 거야. "그런 경우도 있다네" 이래. 그래서 "어쨌거나 저쨌거나 살아 있으면 다행이네" 그러면서 있었는데.

　아이들이 올라왔다는 얘기, 사망자 그거를 방송을 하는데 순간 내가 우리 애기 아빠한테 그랬어요. "생존자 명단에 있나 봐봐". 그랬거든요. 그랬더니 "어, 있대". 근데 사망자가 생존자 명단에 있는 아이인 거예요. 그래서 내가 "생존자 저게[명단이] 거짓말 아냐?" 그랬더니 "몰라, 하여튼. 지금 부른 애는 저기 생존자 명단에 있는 애"래. 그래서 좀 불안하더라고요. 그래서 좀 좋아라 하다가 그러고 있었지. 〈비공개〉 내가 회사 얘기로, 우리 애 생존자 명단에 있는 거 듣고 사모님이 전화를 한 거야. 그래 가지고 업무 인수인계 어떻게 했냐고…(웃음). 그래서 내가 같이 있는 동료한테 "제가 아무래도 며칠은 비워야 될 것 같고, 혜경이가 살아서 지금 생존자 명단에" 내가 이제 그랬지요. "혜경이가 생존자 명단에 있다. 있으니까, 우리 혜경이 데려오고 그러면 내가 며칠은 빠지니깐 일단은…" 내가 같이 일하는 이[동료]한테 어떻게 어떻게 해라[고 얘기했지]. 어차피 하는 일은 똑같은 일이니깐 해놓고. 내가 메일로 우리 큰애한테, 우리 큰애한테 엄마 업무를 그 아줌마 메일로 보내라 해서 다 해놨다고 그랬어요. 그랬더니 [사모님이] "아, 그러면 됐구요" 이러더라고요(웃음).

면담자   옆에 계신 동료 분한테는 먼저 안 물어보고요? 물어보지도 않고 대뜸 전화를 하신 거예요?

혜경 엄마   응. 그렇게 했다고 했더니 알았다고 했는데. 그때 전화하러 나가는데 여자가, 어떤 여자가 귀에 그 이어폰 낀 거 있죠. 그거 끼고 나를 따라오는 거야. 근데 내가 전화할 때 옆에서 있으면서 "응, 지금 전화하고 있다"고. 나는 그게 남한테 하는 건 줄 알았더니 그게 내 저기를[움직임을] 얘기하는 거였어.

면담자   여자 사복경찰도 있었던 거네요.

혜경 엄마   응. 그래서 나중에 그런 걸 얘기했더니 뭐 우리 반 엄마들도 다 얘기하더라고, 다 저기 했다고. (면담자: 쫓아와서 얘기

듣고, 엿듣고) 뭐 어떤 사람은 옆에서 뭐 저기[사찰]했다고 그러고 그러더라고요. 그래서 이런 일에 있어 내가 그 이후에 변호사한테 그랬어요, 궁금해서. "왜 그런 일에 사복경찰이 와요?" 내가 "그게 그런 사람들이 올 일인가?" 그랬거든요. 그랬더니 그냥 아무 말 안 하더라고요. 〈비공개〉 그래서 제가 '아, 그런 거구나, 이런 일은' [하고 알았죠]. 그래서 제가 지금도 우리 애기 아빠한테 가끔 그래요. "우리가 나쁜 일 했어?" 내가 그러면 "에휴, 나쁜 일 해서 그래? 그렇게 몰아가려고 그러는 거지" 애기 아빠가. 그래서 내가 "왜 그런 사람들이, 정보과 사람들이 왜 필요해, 그런 인력이" 그랬더니 "그냥 으레 그런 일 하면 그런가 보지" 그러더라고요.

9
혜경이를 만난 과정

혜경 엄마   그날 혜경이가 살아 있다고 해서 좋아라 하고 그러고 있었는데, 17일 날 그날. 근데 18일 되면서 1시인가 그때 전화가 온 거지, 학교 선생님한테. 학교 선생님이 거기 내려오셨더라고요. 아이들 생활기록부 사진보고 아이들 대조하느라고, 똑같으니깐. 학교에는 거의 다 엄마 전화지, 아빠 전화는 없거든요. 그래서 저한테 왔길래 "누구시냐"고 그랬더니, "학교 선생님인데 자기 좀 봤으면 좋겠다"고. 그래서 "왜 그러세요?" 그랬더니 혜경이 일로 그런다고. 근데 순간 '아, 뭔가 잘못됐나 보다' 그 생각이 들더라고요.

애기 아빠한테 "학교 선생님이라는데 혜경이 일로 전화 좀 했다는데" 그랬더니 "잘못됐다" 그러더라고요. 형님도 뭐 "잘못됐다"고. 선생님이랑 바로 옆에서 통화를 하는 거야. 서로 얼굴 모르니깐. 선생님 따라서 안쪽으로 가서, 사실은 이러이러해서 확인해 보시라고. 그래서 했는데, 혜경이 올라온 사진이랑 그거랑 했는데 뭐 우리 혜경이지 뭐. 그 빨간 추리닝 입고 그대로 있는데 화장이 하나도 안 지워졌어요.

면담자   젊은 선생님들이 내려와서 아이들 확인하는 일을 하셨다고 하더라고요. 그러면 혜경이가 언제 뭍으로 나왔는지 얘기를 들으셨어요, 아니면 전혀 못 들으셨어요?

혜경 엄마   그니깐 우리는 전혀 몰랐지. 모르고 있다가 어느 부모님이 혜경이를, 우리 반 수정 엄마가 그러더라고요. 제가 유가족 대기실에 한참 후에 나가면서 [다른 유가족들을] 알게 되면서 아이들 얘기하다가 "언니, 혜경이는 진도체육관에서 17일 날 7시에 방송이 나왔대요. 그 빨간 추리닝 입은 키 얼마 정도 되고 그러는 아이, 여학생이 올라왔다"고. 근데 나는 그 방송을 못 들었거든요. 왜냐[하]면 우리 혜경이는 살아 있으니깐 그 방송을 해도 우리는 귀담아듣지를 않은 거야. 아빠도 그렇고 누구 하나. 그 누구 하나 귀담아듣지를 않은 거야. 그래 가지고 아빠를 데리고 가서 소파에다 앉혀놓고 따로 데리고 가서 확인을 하니깐 혜경이가 맞지. 그래서 우리 혜경이 맞다고 확인을 하니깐.

면담자	그때는 사진으로 확인한 건가요?

혜경 엄마　그렇죠, 혜경이 올라온 거랑. 근데 그 올라온 게 우리는 몰랐는데, 나중에 이제.

면담자　어떻게 된 거라고 하던가요?

혜경 엄마　혜경인가 거기서 다 서류 절차를 해놓잖아요. 그거를 저희 부모님, 유가족분이 어느 누가 원해서 했는지는 몰랐는데, 이렇게[신청] 해서 CD나 그런 걸로 사진 자료를 받았다고 그러는 거야. 그래서 [수습 당시 자료를] 그걸 신청을 하면 온다는 거야. 그래서 우리도 그거를 신청을 했어요. 그래서 왔어요, 혜경이를 받은 거. 혜경이를 데려온 거, 혜경이 사진, 그때 당시 사진. 그래 가지고 보니깐 우리 혜경이는 그 7시가 맞는 것 같아. (면담자 : 7시에 거기서) 100미터. 원래 배가 있던 자리에서 100미터 떨어진 데서 떠 있는 걸 데려온 거예요. 그니깐 우리 혜경이는 잠수사가 데려온 것도 아니고 혜경이가 올라온 거, 그냥 올라온 거 떠 있는 거. 그[러]니까는 그 밤에, 7시면 캄캄하잖아요. 유실될 수도 있지. 근데 100미터 떨어진 곳에서, 떠내려간 곳에서 데려온 거지.

면담자　그렇군요. 무슨 배로 올라왔다고 그러던가요?

혜경 엄마　거기서? 그거는 안 물어봤는데. 하여튼 이미 우리한테 선생님이 얘기할 때는 "한국병원에 있으니깐 그리 가라"고.

면담자　목포에 있는?

혜경 엄마　　　그래서 우리는 거기 간 거죠. 근데 그거를 받았을 때 엄마들이 다 틀려[달라]. 그래도 우리 혜경이는 그런 게 없는데. 그게 그런 거를 보면은 자식이라 더 그렇고, 그렇게 바다에서 배가 그래서[침몰해서] 부모가 더 그랬을 수도 있어요. 그런데 우리 반 어떤 엄마는, 우리 혜경이는 그런 거 없는데, 그 엄마는 그것도 마음이 저기 한[아픈] 거야. 귀인가, 아니 코인가 어디를 핀셋으로 이렇게 보인…, 그런 게 찍혔나 봐. 그니깐 기분 나쁘지. 그래서 내가 "왜 아이들을, 아이들이 참 억울하고 불쌍하게 그 무섭고 그런데, 그 나이에 그렇게 갔는데 아이들 몸도 좀 잘해서 주지" 내가 그랬어. 그랬더니 한 엄마 그러더라고. 그 엄마는 나중에 팽목항으로 가서 있었나 봐요. 나중에, 우리 혜경이보다 나중에 올라온 엄만데 "거기 그냥 갔다가 이렇게 던져놓는데, 그거 못 봐서 그렇지요" 이러더라고. 그래서(한숨) 참 너무 많이 올라오니깐, 하루에. 그런 광경이 있다고 그러더라고.

　　그래서 내가 그 엄마들 이렇게 보면은 우리 반 엄마들은 많이 아이가 떠올라 오는 거 데려왔더라고, 떠올라 오는 거. 그래서 나는 우리 혜경이가, 아빠는 그냥 그렇게 믿는 걸로 그런 위안을 삼는 것 같아. 혜경이가 가기 전에 나한테, 나한테 수학여행 가면서도 통화하는 그날도, 혜경이가 갔다 오면 대회가 있거든요, 미용대회가. 그런데 혜경이가 친구도 모델로 섭외를 해놨어요, 해놓고. 드레스도 처음에는 짧은 드레스를 했다가 롱드레스를 했나 봐. 그래서 "엄마, 드레스 비용 이거 얼마 입금시켜 달라"면시 자기 "롱드

레스로 바꿨다"고 그런 거 문자하고 그랬거든요. 아빠는 그러는 거야. "아마도 혜경이는 뛰어내리지 않았을까?" 그러는 거야. 왜냐하면 자기는 대회가 있기 때문에 자기가 꼭 가야 해서. 그래서 내가 "그건 아빠 위안이지, 모르지". 내가 보니까, 우리 혜경이는 안 보였지만 그 남학생 애들 보면 전부다 거기서[선체 내부에서] 그냥 그렇게 기다리고 있고. 그냥 기대서 서 있잖아요, 가만히 있으라니깐. 그리고 3반 아이들, 시연이가 촬영한 것들 보면 아이들 다 거기 있고. 내가 "혜경이도 그 안에 있었을 거"라고.

근데 아빠가 3층이라도 그 쌍둥이 배에 오하마나혼가 거길 가봤더니 3층이라도 엄청 높더래. 그래서 "3층에서 뛰어내려도 아이들이 아마 충격이 심했을 거"라고. 그래서 내가 그랬어. "그 선원들이 거기서 뛰어내리면 심장마비 걸린다"고. 제가 그 기사를 봤거든요. 자기네는 오히려 배가 어느 정도 스무드하게[완만하게] 이렇게 되도록 기다렸다고. 그래서 내가 "그랬다잖아. 그러니 뭐 아이들이 뛰어내려도 충격이 다 심하겠지. 그래서 잘못되겠지" 그랬어요. 아빠는 "그냥 마지막을 어디 있었을까?" [그러길래] "어디에 있[었]건 지금은 없어. 그게 제일 중요하지" 내가 그랬더니…. 제가 그… 아빠한테 그래요. 내가 정말 부모로서 그게…. 왜 사람은 지난 다음에 그런 거를 느끼는, 후회를 하는 건가는 모르지만, 깨우치는지 모르겠다고 하는데. 모든 게 그런 일이 일어나면 '어떻게 해야지, 어떻게 해야지' 그런 게 안 되잖아요, 일단은. 그 큰 거에만 거기에만 정신이 있어서, 우리 혜경이 보낼 때도 그래요. (떨리는 목소리로) 내가 그거 음…, 마지… 정말 마지막인데. 내 손에서 떠나보내는 거가 정말 마지막인데 안아줄걸. 내가 안아주지도 못하고, 안을 생각도 안 하고. 내가 병신같이 그거 운다고, 운다고 그게 되나. 그러면서 내가 (한숨) 안아줄걸. 그거 마지막인데, 그러면서 (눈물을 훔침).

면담자   혜경이를 안지 못하고 장례를 치르셨나요?

혜경 엄마   [울먹이며] 그게 많이, 많이 후회되더라고요. 근데 그 이후에 혜경이 보내고, 같이 있는 이가 얘기하는 걸 보면 그이는 그러더라고요, 종교 가지신 분들은…. 그이가 그래요. "언니, 우리는" 자기 엄마도 돌아가셨을 때 그런 말 한대. 울지는 않고 "사랑해, 엄마" 그런 말 한대. 그래서 내가 그 얘기 듣고 나서 그랬어. "그러니까 왜 울었을까, 내가. 그거 우는 것보다 안아주는 게 더 좋았을 텐데". 〈비공개〉 그게 자꾸 머릿속에서 안 지워져요. (계속 울면서) [혜경이가] 그 불 속에 있는 그런 게. 그래서 음…, 미안…. 내가 죄인이라는 게 그래서 더 저기 한[후회하는] 것 같아 (울음). 물속에서 그렇게 만들었지, 또 불구덩이에다 또 그렇게 넣어줬지 그래서…. 아빠는 그런 생각을 갖지 말라는데 그냥 자꾸만 그런 게 머릿속에 떠오르는.

면담자   화장해서 보내신 게.

혜경 엄마   응, 그게. 그 안에서 지금 어떻게 벌어지고 있다는 그런 게. 그래서 내가 기사를 한번, 그런 기사를 봤어요, 인터넷에서. 초등학교 선생님인데, 그 선생님도 계기가 있어서 그런 걸 하시더라고, 심리상담사 그런 거. 그런 쪽으로 하시는데 죽음에 대한 거, 그런 걸 공부하시더라고요. 그런데 그거 보고 내가 우리 애기 아빠한테 그랬어요. "나도 학교에, 어느 학교에 보니깐 평생교육원에 그런 코너가 있는데 나도 한번 배워볼까?" 그랬더니 아빠가 좀 싫어하더라고. "그냥 나도 좀 그런 거를 해보면 더 낫지 않을까?" 그랬더니 하지 말라고…(울음). 마음이…… 내가….

진도체육관에서 목포 한국병원으로 가라는 이야기를 학교 선생님한테 들은 다음에, 어떻게 가셨나요? 아주버님이랑 다 같이 한꺼번에?

갈 때는 119 구조[구급차] 그걸 타고 가야 해가지고 다 못 탔어요, 일부만 타고. 다른 분들은 아주버님, 우리 형님이 차를 끌고 왔어요. 그래서 그 차를 가지고 온다고 같이 저기 해야[같이 가야] 한다고, 개인 소지품도 있으니깐. 그렇게 한다고 해서 나뉘어서 그러고 왔는데, 목포 한국병원에 와가지고도 그 절차가 까다롭고 복잡하게 그렇게 있으니깐. 저는 그게 전적으로 다 알고 그랬으면 행정적으로 그냥 그렇게 했으면, 내가 부모님이라는 걸 다 확인했으면 아이를 빨리 줘서 갔으면 좋겠는데, 거기는 거기 나름대로 다 절차를 밟아야 하니깐.

면담자 굉장히 오래 기다리신 분들도 있던데, 어떤 것들을 요구하고 그러던가요.

혜경 엄마 아유, 우리도 한참 기다렸어요. 물론 아빠가, 혜경

131
2회차

이 이렇게 보여줘 가지고. 딱 봐도 우리 혜경이지. "우리 혜경이 맞다"고.

면담자　　가신 날이 18일인가요?

혜경 엄마　　그렇죠. "우리 혜경이 맞다"고 그랬더니, 아빠한테 그거[DNA] 검사는 또 했지. [검사]하고 혜경이를 그런[확인해야 하는] 게 또 그렇더라고요. 우리는 아빠하고 거기서 한참 기다려서 끝나야 혜경이 데려간다니깐 거기에 앉아 있는데. 우리 혜경이보다 먼저 온 유가족이 내가 잊어먹지가 많아요. 왜냐면 그때 거기에 둘이 있었으니깐.

면담자　　사람이 아주 많지는 않았었군요?

혜경 엄마　　네, 그때 처음이라 많이 없었어요. 우리 혜경이가 12번째니깐. 근데 그 유가족이 먼저 와 있었던 것 같아요, 그 유가족이. 암튼 얘기하는데 그 집은 오면서 다 이렇게, 그니깐 팽목항에서 직접 아이를 데리고 왔나 봐. "다 주물러서 폈다"고 그런 얘기를 하는 것 같더라고. 있다가 나는 우리 큰애한테 아침이 돼서 전화를 했지. 아침보단 좀 이른 시간이었는데, 친구가 옆 동에 사는데 친구가 와서 같이 잔다고 해가지고. "혜경이가…" 제가 그랬어요. "혜경이가 그냥 우리 곁을 떠났어" 그랬어요. 그 죽었다는 말이 그렇게 쉽게 안 나오더라고요. 그래서 그랬더니 우리 큰애가 첫마디가 "있을 때 잘해줄걸" 그러더라고요. "준비하고 올라갈 때 전화할게" 그랬거든요. 지가 그렇게 하는 말은, 제가 항상 그러거든요.

혜경 엄마 유인애

투닥투닥 말다툼할 때도 제가 항상 그래요. "있을 때 잘해라". 제가 항상 그러니깐 그런 말이 귀에 딱지가 붙은 거지.

그러고 나서 거기서 아빠랑 혜경이 유전자 [검사]하고 나서 원무과에서 그거[서류를] 떼어가지고 가는데 거기서도 좀 까다롭게 했어요. 아빠 신분증, 등본은 어디 가서. 아빠 신분증만 있으면 되는 거 아닌가 싶더라고요. 근데 등본을 떼어 오래요. "어디 가서 떼어 오라는 거야?" [물으니까 아빠가] "자동 발매기에 가서"[래요]. 그러니깐 제가 그랬지요, "아니, 신분증이 있는데 뭐를 확인하려고 그러냐" 그랬더니 무슨 주소래. "아니, 신분증에 있는 주소가 맞는 거지. 뭐가 등본을 떼 오라고 그러냐"고. 거기서 제가 막 뭐라고 그랬어요. 그랬더니 시청 직원이, 안산 시청 직원이 있었나 보더라고요. 그래서 어떻게 해서 그냥 해가지고, 혜경이 올라올 때도 119 구급차 그거 아빠랑 나랑 혜경이랑 셋이 타고 올라왔거든요.

면담자 　　　병원에서는 혜경이가 침대 같은 데 눕혀 있었나요?

혜경 엄마 　　　그냥 거기에 있는 거죠, 안치실에.

면담자 　　　깨끗한 거 이렇게 덮고?

혜경 엄마 　　　그렇지요. 그[러]니까는 그런 거를 깨끗하네, 어떠네 눈여겨볼 시간이 없어요. 그냥 이렇게 있고, 얼굴만. 근데 얼굴을 딱 보는 순간 '어머나, 화장이 하나도 안 지워졌네' 그런 생각만 드는 거야. 눈도, 눈썹도 싹 올라가 가지고 "우리 딸 그대로네" 제가 그랬거든요. 우리 혜경이는 얼굴에 상처가 없었어요. 얼굴에 여기만 살짝 뭐가 긁혔는지 살짝 긁혀서 발그스름하게 이렇게 찍 가졌 더라고.

〈비공개〉

혜경 엄마   혜경이 데려오기 전이에요. 내가 얘기하다 보니깐. 무슨 사이버 무슨 뭐…, 저도 모르는 전화가 온 거예요. 그래서 제 가 받으니깐 "이혜경 어머니시죠?" 이러는 거야. "그렇다"고 그러 니깐 "혜경이, 인터넷상에서 떠다니는 거 혜경이 아닙니다, 그거 가짜입니다" 이래요. 그래서 제가 "근데 누구세요?" 그랬어요. 그 러니 자기가 사이버 뭐라 그래. 핸드폰에 뜬 번호를 내가 그거를 나중에 메모를 해놓든지 그랬어야 되는데, 저장을 하든지. 그걸 안 한 거야. 그래서 내가 나중에 얘네 아빠한테 "그런 거를 내 전화번 호를 어떻게 알고, 내가 지네한테 요구하지도 않았는데. 그런 거를 지네가 어디서 뭐 조사해 가지고 나한테 왜 전화를 해. 등신 같은 인간들 그런 거 할 시간에 거기 가가지고 애들이나 저기 어떻게 됐 는지 하나라도 더 데리고 올 생각을 안 하고, 살았나 안 살았나 만……" 내가 막 그랬거든요. 그랬더니(한숨). 나도 병신이야. 그때 왜 그런 생각을 못 하고 왜 이제 와서 열불 나게 이따위 짓 하는지. 뒷북만 치고. 그랬더니 [아빠가] "원래 큰일 당하면 그런 거 생각이 나 하냐, 못 하지". 그러더라고요.

면담자   그 전화를 진도체육관에서 혜경이를 만나기도 전에 받으신 거죠?

혜경 엄마   네. 그래 가지고 이제 누가 봐도 아니지. 엄마, 아빠, 언니가 있는데 뭐 하러 그런 거를 띄워요. 그래서 내가 애기 아빠한테, 애기 아빠도 그런 기사를 봤으니깐. 내가 얘기는 안 했는데 혜경이 염할 때 봤대요, 다리를. 근데 멀쩡하더래, 상처 하나 없이. 그래서 내가 "정말로 봤어?" 그랬더니 "응", 형이랑 둘이 봤다고. "상처 하나 없이 깨끗하다"고.

면담자   어머님은 목포병원에서 얼굴 보고 '혜경이구나' 하고 확인을 하지는 않으셨어요?

혜경 엄마   저는 안 했어요, 아빠만 그거 했지.

면담자   아빠만 유전자 검사하시고 같이 119를 타고.

혜경 엄마   올라온 거지.

면담자   앰뷸런스를 타셨나요, 헬기로 오셨나요?

혜경 엄마   아니요. 우리 119, 그 119 타고 왔어요.

면담자   앰뷸런스. 목포에서 혜경이랑 같이?

혜경 엄마   네.

면담자   나중에 오신 분들은 헬기도 탔죠.

혜경 엄마   헬기 타고. 그게 또 그것도 우리는 그런 생각도 안 했는데 그렇게 오는 게 아니라고. 근데 저도 그런 것 같기는 해요. 왜냐면 오면서 저도 그런 생각은 했어요. 혜경이를 거기 바닥에다 해서[눕혀서] 애를 보는데, 덜컹덜컹대잖아요. 그러니까는 제 마음에도 그래. 아무리 목숨이 살아 있지는 않지만 덜컹덜컹대면 몸 자체가⋯. 저도 그런 거는 좀 있는 것 같애. 어른들이랑 항상 같이 살아서 그런지는 몰라도 좀 흐트러진다고 해야 하나, [그러면] '흐트러지지 말아야 되는데' 그런 생각이 들어요. 그래서 솔직히 말해서 거기서 혜경이를 좀 이렇게, 내가 옆에서 만지고 싶고 그랬었어요. 근데 덜컹대면서도 훼손되고 그런 생각에 '아, 우리 혜경이 훼손되면 안 되지' 그런 생각이 들더라고요. 근데 와서 우리 혜경이 염할 때 보니깐 그게 조금 내가 봤을 때랑 틀려진 것 같애.

면담자   아무래도 부딪치니깐.

혜경 엄마   그러니깐 그렇게 오면은. 나중에 어떤 엄마가 "그렇게 오면 안 되는데" 그래서 "언니는 어떻게 올라왔냐"고 그런 얘기해서 그랬다니깐, "새끼들이 그렇게 일 처리를 그렇게 했다"고 그러더라고요. 뭐 모든 건 다 잘하지는 않았지. 그냥 순리적으로 가게끔. 그래서 저희가 [안산에] 와가지고. (면담자 : 어디로 오셨나요?) 저희가 한사랑병원에 왔거든요. 아빠는 고대병원을 가고 싶었는데 거기는 다 꽉 찼다고 그러니깐. 그래서 한사랑병원에 갔는데 거기 딱 갔는데, 경찰이 "불편하신 점 없으셨어요?" 이러는 거예요. 아이 데리고 오는 절차 그런 거, 그래서 그런 부분이 있었다고 그랬더니. 그리고 거기 장례식장에서 사망진단에 뭐가 좀 잘못됐다고 내가 그랬지. "그럼 그것 때문에 우리 지금 또 갔다 와요?" 그랬더니 가지 말라고. 그러더니 거기서 행정적으로 다 한다고 하면서 그 경찰이 자기네가 해서 우편으로 받게끔 한다고. 그렇게 해서 하더라고요. 그래서 내가 얘네 아빠한테 "경찰이 그거 먼저 왜 묻지?" 그랬어요. 우리뿐만 아니고 이후 분들도 번거롭고 그런 게 많이 있었겠죠. 그런 얘기 듣고 그러나 보다 그러더라고요. 그래 놓고는 우리는 원래 보통 3일장인데 우리 혜경이는 4일장을 하게 됐어요.

10
장례 과정

면담자 어떻게 그렇게 결정하시게 된 거예요?

혜경 엄마 그것 때문에. 혜경이를 서호추모공원에, 우리는 나중에 거기로 했는데, 그게 잘 확정이 안 되어서.

면담자 공간이 마련이 안 됐나요?

혜경 엄마 그게 아니고. 그게 그쪽에는 "안 된다"고 그랬었나. 아까도 제가 저기 했는데. 원래는 여기 하늘공원에, 거기를 얘기하더라고요, 장례식장에서. 그래서 제가 그랬어요. 그러면 "우리가 답사를 해도 되냐" 그랬더니 된다고 하더라고요. 저는 못 가고 아빠랑 큰아빠들이 갔었지. 그랬더니 가서 보고 오더니 "영 아니"라는 거야. 그냥 이런 저기[실외]다가, 그것도 내가 좋아하는 공간을 선호해서 하는 게 아니라 어느 이제 한 저기를 해놓고 거기서 오는 순서대로 맨 밑에 사이드부터 이렇게 [안치]하는 거래요. 그래서 그러는 거야. 우리 혜경이는 지금 처음 왔는데 맨 밑바닥이라는 거야. 그래서 "나도 거기는 싫다" 그러면서 그러는 거야, "우리가 생각하는 그런 추모공원 그런 게 아니"라 실외다. 비바람 치면 다 맞고 그러는 거다. 비 오면 이렇게 해서 다 스며들 수도 있고, 그런 유리로 된 게 아니라고 그러는 거예요. 그니깐 나도 듣고는 싫다 그랬지. 그니깐 그것 때문에 우리는 거기 못 간다고. 근데 거기 아니면 안 된다고 그랬던 것 같아, 거기랑 어디 아니면. 그래서 우리가 서호추모공원을, 아주버님이 조카들한테 "어디 있나 한번 봐라" 해서 했더니 "서호추모공원이 새로 [운영]하면서 깨끗하고 괜찮은 것 같다" 해서 거길 했는데, 거기는 이게 안 되나 봐요.

면담자   처음에는 거기가 안 됐었군요.

혜경 엄마   〈비공개〉 그래서 서호추모공원으로 가서 4일장을 하게 된 거지.

면담자   어머님이 혜경이를 화장시킨 것에 대한 미안함이 계속 남는다고 하셨잖아요.

혜경 엄마   그게, 사람이 상상이라는 거를 많이 하잖아요. 그게 자꾸 그려져요.

면담자   그 당시에는 화장을 안 하고 다른 방법을 고려해 보지는 않으셨어요?

혜경 엄마 유인애

혜경 엄마   아니요. 그거는 없고 그냥. 화장하는 걸로만 알고 있었어요. 그니깐 그때도 누가 그냥 이렇게 화장 안 하는 거 그런 거 했으면 그렇게 했을 텐데, 그런 거 얘기하는 사람도 없었고. 그래서 그냥 하는 대로만 그렇게 따라갔던 거지.

면담자   지금 생각하면 차라리 묻어주는 방법이 있었으면 묻어줬을걸.

혜경 엄마   네. 그러면 좀 덜하지, 덜한데. 나는 보통 집안 어른들 화장하고 그러면 그게 아무 생각, 그런 생각을 안 했었어요. 안 했는데 내 자식이라 그런가 틀려요[달라요]. 아무래도 어리고 그러니깐 그게 그냥 자꾸 그려져, 그려지고. 이런 공간이 있잖아요. 그럼 항상 이게 (손짓으로) 이렇게 기울어가지고. 이런 데 내가, 나도 문을 찾아서 올라올 수 있을까… 그런 거하고. (떨리는 목소리로) 그 아이들이 유리창을 막 두드릴 때, 그런 거를 그 심리적인 압박을 어른들이 그런 거를 조금 이해해 줬으면…. 그냥 그런 생각을 많이 해요. '아이들이 그런 극한 상황에서 얼마나 무서웠을까'. 근데 그런 거를 이해 못 하고, 나쁘게만 하시는 분들 보면 좀 속상해요(눈물을 훔침).

면담자   그게 부모님들이 제일 힘드신 부분이죠. 어떻게든 그 물속에서 살려고 했던 노력이 상상이 되고.

혜경 엄마   응. 아니, 우리들이 흔히 이렇게 있다가 진짜 뭐 이도, 이를 하나 예를 든다고 그래도 이가 하나 흔들린다 그러면 덜컹하잖아요. 근데 그런 것도 덜컹하는데 그런 극한 상황에서 애들이, 배가 자기네 눈으로 다 그렇게 내려가는 거 보고 물이 들어오고 그러는데, 자기네는 밖을 보고 그러는데 밖에 사람들은 자기네를 도와주지 않고 그런 상황인데. 아이들이 얼마나 그 몸부림을……(한숨).

면담자   그러게요. 어머님이 염할 때도 직접 보시지는 않은 거죠?

혜경 엄마   저는 중간에 그냥 끌려 나와가지고.

면담자   너무 우시니깐.

혜경 엄마   응. 끌려 나와가지고 못 봤어요. 아빠가 잘 했으니까 걱정 말라고 그러는데…. 제가 머리를 한번 만졌어요. 근데 머리가, 뭐 냉동고라 그래서 그런지 몰라도 빳빳하지. 근데 그 감촉이 그것도 안 잊혀지더라고요, 머리 만져본 게. 만져야지 하고 그런 게 아니라 그냥 손이 가더라고요, 손이…. 그렇게 넷이서 살면서 그냥 한 부분인데. 제가 이렇게 보면, 같이 있을 때는 막내여서 자리가 제일 작은 부위를 차지했던 건데, 그게 쑥 빠져버리니깐 빈자리가 그 작은 자리가 너무 큰, 제일 큰 거예요. 제일 커 가지고 내가, 아우, 그냥 어느 큰 산을 뽑아도, 그렇게 표현을 해. 큰 산을 뽑아도 그것처럼 큰 웅덩이가 있을까…. 다 그럴 거예요. 많이 보고 싶을 거예요. 나는 그때 장례식장에서 우리 큰애도 나랑 똑같이 느낀 게, 그 선배 오빠가 거기서 자는데 우리 혜경이 그[장례식] 할 때까지 다 있었어요.

면담자   팽목, 진도에서부터 쭉.

혜경 엄마   아니, 장례식장에 올라왔을 때. 걔가 목을 빼고 누워 있는 게 우리 혜경이랑 너무 똑같은 거예요. 그래서 내가 우리 큰 애한테 "쟤 봐, 우리 혜경이랑 너무 똑같애. 목 빼고 있는 게, 자는 게" 그랬더니 "그러게 엄마, 너무 똑같다"고, 그 목을 빼고 자는 게. 그래서 내가 '아유, 그냥 모든 게 그렇게 비춰지는 건가' 싶더라고요. 그게 다 혜경이한테 맞춰지니깐 그렇게 비춰지는가 싶더라고.

면담자   한사랑병원에서 장례를 치르셨는데요. 관 안에 아이들 소지품을 넣어주거나 종교식으로 장례식을 하거나 하신 분들도 있는데, 어떻게 하셨어요?

혜경 엄마   〈비공개〉 그러니깐 저는 그 생각도 못 했어요. 혜경이를, 새 옷 가지고 와서 염할 때 새 옷으로 좀 갈아입혔어도 되는데 저는 그것도 안 했어요. 근데 다른 엄마는 새 옷으로 갈아입히고 했다고 하더라고요. (면담자 : 혜경이는 원래 입고 있었던) 그렇지. 그래서 내가 그랬어, 그 엄마한테. "다시 시간을 돌려서 살아 있으면 더더욱 좋고. 그런 절차를 다시, 보내는 절차를 다시 한다고 하면 나는 너무 잘해주고 싶다"고. "나는 너무 못 하게 해서 그냥 그렇게 형식적으로 어른들 보내듯이 그렇게 아무 생각 없이 보낸 것 같다"고 그랬더니. 그 엄마가 자기도 그런 것만 그랬지, 옷만 그랬지 자기도 잘못 보낸 것 같다고. 자기도 후회스럽다고.

면담자　　어떤 부모님들이든지 다 후회는 남으시는 것 같아요.

혜경 엄마　　그래서 저는 그때 그랬어요. 장례식장에서 옷이랑 관이랑 그런 거 할 때 그냥 제 돈으로 하더라도 좋은 걸로 해주고 싶다고. 아이한테 이제 해줄 수 없는 거라, 마지막 가는 거니깐. 저는 그냥 누가 욕해도 비싼 걸로 해주고 싶다고. 아빠가 그렇게 하라 그러더라고요….

11
혜경 어머니가 시를 쓰게 된 과정

면담자　　어머님 구술 면담을 한다고 해서 시집을 샀어요. 어머님이 시집[『너에게 그리움을 보낸다』]을 쓰셨다는 이야기를 들었지만 보지는 못하고 있다가, 어머님을 좀 더 이해하고 알고 뵙는 게 좋을 것 같아서 샀는데, 처음에 봤을 때는 너무 울었어요. 처음에는 보지를 못하겠는 거예요. 여러 이유가 있었던 것 같아요. 솔직히 말씀드리면 너무 잘 쓰셨다는 건데 '어머님이 국문학을 전공하셨나' 하는 생각이 들 정도로. 또 사진에 나온 혜경이가 너무 여리여리하고 예쁜 거예요. 어머님이 원래 글재주가 있으셨어요, 아니면 소설가나 시인의 꿈을 가지고 계셨어요?

혜경 엄마　　출판기념회 때 그런 거를 물어보서 가지고 대답했었는데. 저는 고등학교를 상고 나와서 그냥 그랬는데, 글을 잘 쓴다는 생각은 안 해요, 항상. 근데 우리 세대는 글짓기를 많이 썼잖아요, 반공에 대한 거. 학교에서 밤에 영화를 해도 반공에 대한 거 그런 거를 많이 해가지고 보러 다니고 그랬는데. 초등학교 때도 반공에 대한 글짓기 그런 거 하고 그러면 채택은 안 되더라도 저는 뭐 몇 장 내외 그러면 항상 했어요. 중학교 때도 그랬던 것 같아요. 그런 거 하면 항상 내고 그랬는데. 초등학교 때 우리가 고전을 읽고 독후감 쓰는 게 있었어요, 그런 대회가. 근데 그게 기회가 주어지는 게 반장, 부반장한테만 항상 가더라고요. 근데 저도 그냥 욕심에, 그냥 욕심인 것 같은데. '아유, 나도 한번 저런 거 해보고 싶다' 그랬는데 되지는 않았고.

그다음에 제 바로 [밑에] 남동생이 한번 그런 대회에 나갔었어요. 근데 너무 좋은 거예요, 그냥 내가 된 것 같고. 우리 엄마한테도 "엄마, 그게 얼마나 좋은 건 줄 아냐"고. 그렇게 얘기한 적이 있었거든요. 그래서 초등학교 때는 그렇게 음…, 두각[을 나타]내지는 않고. 조금 그런 거에 욕심이 많았어요. 그렇다고 집에서 가정형편이 좋아서 책을 많이 구입해서 읽고 그런 거는 아니고 기껏해야 학교생활만 하고 그랬다가, 중학교 때 가가지고 그때 학교 임원을 2학년 때부터 하게 됐어요. 중학교 때는 총무부 쪽에 학교 일을 하게 됐는데, 시화전 같은 걸 하고 그러면 되지는 않아도 욕심이 '아유, 내 것도 채택됐으면' 그런 생각은 했었어요. 그리고 글짓기는 진짜 열심히 했어요. 그런데 항상 채택은 안 됐거든요.

그렇게 지내다가 제가 고등학교 때 상고를 갔는데, 고등학교

가서도 이제 학도호국단 간부를 하게 됐는데. 제가 이렇게 키가 작고 그렇지만 교련 선생님이 저를 참 이뻐했어요. 그래 가지고 교련 선생님이, 어떤 일화가 있었냐면은 저는 이제 버스 타고 집에 가려고 하교하면서 갔는데 아이들한테 "야, 인애 어디 갔냐?" 이런 거야. 근데 뒤에 오던 애가 이만치 많은데 "야, 교련 선생님이 너 찾았어" 그래서 제가 다시 가서 할 정도로, 다시 찾아뵐 정도로 교련 선생님이 절 참 이뻐했는데. 그 학도호국단 간부를 하면서, 제가 고등학교 때도 글을 써서 뭐 그렇게 하는 그런 건 없었어요. 없었는데, 고등학교 때 교련 선생님이 저를, 학교 조회를 서면 저를 사회를 보게 했었어요. 그리고 웅변대회 하고 그러면 사회 보게 하고 교련 조회 하면 사회 보게 하고. 그래서 그런 거는 특별하게 기술을 요하는 것은 아니지만, 그런 거를 하면서 누군가가 그런 거를 학교에서 시키면 사람이 좀 자신감 같은 게 생기잖아요. 그래서 그런 걸 하게 됐는데.

제가 고3 때는 문예부장을 하게 됐어요. 근데 글을 써서 문예부장이 아니라 그냥 그걸 하다 보니깐 문예부장을 맡게 됐는데, 그때 고등학교 때 우 순경 사건[우범곤 순경 사건]이 있었어요. 경상돈가 그 경찰 순경이 총…, 그래 가지고. 그거 했을 때 국어 선생님이 네가 문예부장이니깐 학도호국단 그거니깐 학교 대표로 그…, 경기도 경찰 국장인가 누구한테 편지를 쓰래요. 그래서 위로의 편지를, 그때 경찰들이 다 그러니깐. 그래서 위로 삼아 위로의 편지를 썼어요. 그런데 모르겠어요. 국어 선생님이 그거를 공문으로 해서 보냈다는데, 국어 선생님이 조금 수정을 하셨는지 어쨌는지 모르겠는데, 거기서 회신이 온 거예요, "고맙다"고. 그 당시에 교장 선생님이 새로 부임을 하셨거든요. 그런데 교장 선생님이 어느 날 갑자기 저를 오라 그런 거예요. 갔더니 "어떻게 그렇게 글을 썼냐?"고 해요. 그래서 "아유, 제가 [쓰려고] 쓴 게 아니고 국어 선생님이 한번 대표로 쓰라 그래서 썼다" 그랬더니 "학교를 대표해서 그렇게 해줘서 너무 이쁘다"고 그렇게 말씀하시더라고요. 그래서 '아유, 그래도 내 글이 조금 잘됐나' 싶더라고요. 그냥 학교로 했으니깐 형식적이겠지 그랬어요. 학교에서도 무슨 독후감 써서 내라 그러면 써서 내고.

근데 단 한 번 채택이 된 게, 학교에서 국어 시간에 고3 때 시를 쓰라 그랬어요. 근데 제 거를, 제가 교실에 앉아서 하늘을 보면서 시를 썼는데. 내가 그거를 두 편을 썼거든요. 근데 한 편을 친한 친구가 "야, 나 쓰기 싫으니까 나 줘" 이랬어요. 그래서 그 한 편을 줬어요. 근데 그 준 게 채택이 되고 제 거는 안 된 거예요. 근데 선생님이 걔한테 "너는 이게 무슨 뜻으로 쓴 거냐" 이러니깐 얘는 모르지요. 그래서 "그거 사실은 제가 안 하고 인애가 써준 거"라고 그러니깐 선생님이 물어보더라고요. "이 문구는 무슨 뜻에 의해서 이렇게 쓴 거냐" 하니깐 "그냥 하늘 보고 이런 느낌이었다" 그러니깐 "잘했다"고. 그거 고3 때 한 번 딱 그렇게 채택됐거든요. 그리고 나서는 결혼을 하고 나서는, 결혼 전에도 제가 틈틈이 책은 사서 봤어요.

면담자   꾸준히 일기를 쓰신다거나 아니면 회사 사보 같은 데에 쓰신다거나 그런 적은 없었어요?

혜경 엄마   아뇨, 그런 적은 없었어요. 일기는…, 일기 쓰는 거는 좀 귀찮았어요, 아가씨 때도. 그리고 글은…. 회사에서는 직장 다닐 때는 각 부서마다 계획서 그런 거 할 때 그런 것[문서 작성] 했지, 그런 거[문학적 글쓰기]는 안 썼거든요. 그런데 고등학교 때도 다니면서 차 안에서 조그만 문고 같은 거, 그런 거 사서 들고 다니면서 보고. 고등학교 때 많이 본 것 같아요. 아가씨 때 틈틈이 사서 보고. 그러다가 결혼해서는 할 일이 없잖아요. 혼자 집에 있으니깐. 그러니깐 아빠가, 제가 사실은 사서 보니깐 하나를 사면 그거를 몇 시간에 그냥 훌떡 읽어버리는 거야. 그러니 애기 아빠가 "책 사는 것도 만만치 않은데" 그러더라고요. 그래서 그 이후로는 아빠가 회사에서 도서를 대여해 온 거예요. 해 오면 다 읽고 그랬거든요. 〈비공개〉

그래 놓고 저는 제가 조금 거만한가? 애기 아빠한테 그런 적이 있어요. 소설책을 뭘 하나 사서 읽으면 '어, 이거 나도 쓸 것 같애' 그런 생각을 해요. '그냥 별거 아닌데 왜 이게 베스트지?' 그러거든요. 그런 생각을 하고 있다가 한 날 TV를 보는데 유명한 소설간지는 모르겠는데 그 서재가 나왔는데 정말 그게 저는 아름다워 보이는 거예요. 그냥 서재가 얼기설기로 책들이 쌓여 있는 게 그게 너무 좋아 보이는 거야. 그래서 내가 "나도 저런 서재 갖고 싶다"고 그랬더니. 그리고 한번은 산속에, 그래서 제가 산속을 동경하는 거예요. 산속에서 사시는 분인데 진짜 책을 엄청 많이 가지고 있는데, 그냥 너저분하게 해놓고 있는 거예요. 너무 좋아 보이는 거예요.

그래서 내가 한번 그랬어요. "내가 살면서 나에 대한 책을 하나 써놓고 죽는 게 소원이다. 우리 이다음에 아이들 결혼하면 우리 둘이 산속에 들어가서 살자". 제가 전에 그런 말을 한 번 뱉은 적이 있어요. 애기 아빠가 "아이고, 뭐 그걸 꼭 산속에 가서 써야 돼?" 그러더라고요. 그래서 "산속에 가면 글이 잘 써질 수도 있지. 공부하는 사람들 산속 절에 가서 하잖아" 그랬거든요. 그런 생각만 가지고 있다가, 아이들 키우면서도 우리 큰애 키울 때만 육아일기를 썼어요. 근데 우리 혜경이 때는 육아일기를 안 쓰고.

면담자   큰아이 육아일기를 얼마나 쓰셨나요?

혜경 엄마   그냥 기껏해야 한 1년, 1년 정도 쓴 것 같애. 그니깐 우리 큰애가 좋아해. 그냥 별다른 얘기 없는데 뭐 수유량, 똥이 어떻고 그건데 우리 큰애는 좋아하더라고요. 엄마가 자기에 대해서 이렇게 써준다고. 우리 혜경이는 못 써줬는데. 근데 그거를 해주고. 음…, 우리 작은애 이렇게 되고 나서…. 근데 저는 특별하게 그런 건 없는데, 제 여동생도 내가 글을 잘 쓴다고 인식을 하고 있나봐요. 그런 생각을 가지고 있나 봐요.

면담자   좀 더 잘하는.

면담자   네. 그런 생각을 하고 있나 봐요. 근데 제가 혜경이 보내고 혜경이 방에 가서 몇 줄 적다가 말고 적다가 말고 그랬어요. 적다 말고 적다 말고 그러면서도 '이게 부질없는 짓이다' 싶더라고요. '아이 보내놓고 내가 참 이런 글 쓴다는 게 이게 될 수 있는 건가' 싶더라고요. 근데 또 너무 보고 싶고 생각나고 그러니깐. 그래서 '그래도 해보고 싶다. 혜경이를 그리는 마음을' 그런 생각을 하고 있었는데. 우리 혜경이…, 그때 49재인가 그때인 것 같은데 내 동생이 와가지고 그러더라고. "언니, 너무 그렇게 있지 말고 그냥 글을 쓰는 게 좋겠다"고 자기는. "언니 글 잘 쓰니깐 글 쓰는 걸 시작해 보라"고 그러더라고요. 그래서 "에휴, 좀 그렇다고. 글 쓰는 것도 지금 시작하는 게 좀 그러네" 그랬더니, "그냥 그런 거 생각하지 말고 언니 마음대로 하고 싶은 대로 하라"고. "혜경이가 없는데 뭘 누굴 생각을 하냐"고. "그니깐 그냥 혜경이 그리는 언니 마음 그대로 쓰면 된다"고. "그게 언니를 아마 치유하는 길일 거"라고 동생이 그러더라고요. 그래서 "언니한테 내가 이렇게 얘기하는 거는", 내 동생이 그러더라고요. 아는 사람이 아들을 잃었대요. 잃었는데 아들을 위해서 글을 썼어요. 근데 그게 상당히 도움이 되더라, 그 아버지한테는. "그 아버지가 그렇게 얘기하니깐, 언니도 똑같은 입장이지 않냐, 자식을 잃은. 그[레]니까는 언니도 한번 시작해 보라"고.

그래서 쓰기는 시작한 거에요. 근데 글이라는 게…, 그냥 제 마음 그대로 그때 당시의 그 마음 생각난 거 그거 한 줄 한 줄 써서 그렇게 붙인 건데. 저 사실 120편을 써놨는데 그거 쓸 적마다 혜경이 방에서 그거 쓰면서, 혜경이 컴퓨터로 쓰면서, 그 글 120편 [중에] 안 울면서 한 게 없거든요. 당연히 울지. 왜, 대상이 혜경이니깐. 그리고 제가 그거를 하면서 '혜경이가 그냥 살아 있는 거다' 그렇게 생각을 하는데. 제가 문학적으로는 공부한 게 하나도 없어요. 그런데 작가님이 그러시더라고요. "문학에 좀 소질이 있으신 것 같다" 그러시는데, 제가 그랬어요. "그건 소질이 아니고 저랑 똑같은 입장에 있는 엄마라면 누구나 그 얘기가 그렇게 똑같이 나올 거라"고.

면담자　　　그건 아닌 것 같아요. 제가 문학 하는 사람은 아니지만 어머님은 재능이 있으세요. 『약전』[『416 단원고 약전』] 작가님이 소질이 있다고 말씀하셨다고요? 『약전』 작가님과의 만남 이후에 그분이 시를 써보라고 이야기를 해주신 건가요?

혜경 엄마　　『약전』이요, 제 시를 가지고 거의 풀어서 시를 써놓으셨어요. 앞에 초반 부분은 우리 혜경이 중학교 모임 했던 친한 친구, 생존자랑 하나 이제 □□ 다니는 친구랑 얘기하면서 그걸 풀어서 이렇게 좀 청순한, 순수하게 해놓으시고, 뒷부분은 제 시를 거의 다 그렇게 해놓으셨거든요.

면담자　　　그 작가분이 누구세요?

혜경 엄마　　최예륜이라고, 그분이 저희 반에서 저랑 다윤이를 맡게 됐어요. 처음에는 저도 『약전』이라는 게 조금 싫었어요. 왜냐면 지금은 그런 마음의 준비도 안 됐고 그런데 그런 거를 진행하는 게 조금 이제 저기 했는데, 뭐 다 한다고 하고 어느 반은 얼마 했고 그러더라고요. 그래서 나도, 작가님이 좀 기분 나빴을 거예요. 처음에 전화 왔을 때 제가 좀 기분 나쁘게 했거든요. 저는 좀 그런 거를, 아직은 아이가… 초창기처럼 그렇게 내 안에 있는데 그런 거를 하는 게 조금 그렇더라고요. 그래서 처음에는 좀 저기 했는데, 만나러 오시겠다고 해서서 만나면서…. 근데 우연찮게 이게 '어디 가서 나쁜 짓 하지 말아야 된다'는 것도, 우연찮게 생판 모르는 작가님이었는데 얘기를 하다 보니깐, 제가 뭐 "어디 살고 내 동생은 몇 명인데 하나는 공무원이고" 이랬더니 자기 오빠도 공무원이라고 이래요. 그래서 내 동생은 저기 □□에, 그러니깐 자기 오빠도 □□에 있대요. 그래서 하다 보니깐 똑같이, (박수) 같은데 근무하는 거야, 고향은 아닌데. 내 여동생이랑 작가님 오빠랑.

제가 "나는 이러이러한 글을, 사실은 동생이 해보라 그래서 하고는 싶었는데 아직은 시작이 아닌 것 같아서 그랬는데. 또 동생이 내 맘을 읽었는지는 모르겠는데 동생이 그래서 시작하고 있는데, 나중에 나는 해서[글 써서] 우리 혜경이 옆에다가 놔주고 싶다. 외롭지 말라고. 아빠, 엄마, 언니가 너를 그리워하는 마음이 다 있으니까 외롭지 말라고 옆에다 놔주고 싶다" 그랬더니 작가님이 나중에 "어머니, 글솜씨가 있으시다"고 해서 "아유, 그냥 좋게 말씀하신 거죠. 다 똑같을 거예요. 어느 부모님이든지 다 그렇게 나올 거예요" 그랬더니 작가님이 나중에 출판사 소개를, 『약전』 출판사 거기다가 해가지고 하게 됐지. 그래 가지고 지금도 자주는 아니지만 그래도 간간이 안부 그런 거 서로 연락은 하고 있어요. 〈비공개〉

면담자　　　어떻게 보면 혜경이가 어머님한테 새로운 삶의 방식을 선물한 것 같기도 하고요.

혜경 엄마　　　그래서 제가 그래요. 원래는 내가 책을 내고 싶은 마음이 이런 게 아니었는데, 지금 조금 잘못된 그런 동기로 책이 진짜 나오게 됐는데, 그래도 혜경이가 보았을 거라고….

면담자　　　혜경이는 좋아할 것 같애요. 물론 엄마가 가족들을 위해서 일하고 돈 벌고 집안일하고 이런 것도 있지만, 어쨌든 재능을 발견하고 나로 인한 슬픔과 고통이지만 그것을 아름답게 승화시키고 다른 사람들에게도 많은 감동과 눈물을 줄 수 있으면 좋잖아요. 그건 제가 생각할 때는 혜경이도 굉장히 좋아할 일이어서요, 어머님이 이 일을 계속하시는 거 좋을 것 같아요.

혜경 엄마　　　그래서 제가 애기 아빠한테 그랬어요. "사람이 욕심이 생기면 안 되는데. 뭐든지 욕심이 과하면 그게 망가지는 법인데, 나는 그냥 글을 급하지는 않더라도 조금조금 써서. 내가 소원이 뭐냐 하면 내가 시집을 하나 냈잖아, 하도 수필 쓰라고 해서 수필 하나 내고. 나 동화책 하나 쓰고 싶다"고(웃음). 그랬더니 "언제까지 그거 그렇게 할 수 있어, 실력이 돼?" 그래서 "아니, 실력은 안 되는데 우리 넷이 사는 애기잖아. 그냥 자연스럽게" 그랬어요. "뭐 쓸 수 있으면 해봐" 그러는데 자기는 쓰라고 해도 못 쓴대. 그래서 "모르겠어. 혜경이만 생각하면 내가 혜경이를 이렇게 내 입에서 [말]하거나 혜경이에 대해서 글로 써서, 유명하지는 않지만 그래도 간혹 누군가의 손에서 이게 읽혀진다면, 그거 읽혀지는 순간은 혜경이가 살아 있잖아". 내가 그러거든요, 애기 아빠한테. 그랬더니 "에휴, ○○ 엄마가 그렇게 생각하면, 할 수 있으면 해봐" 그러는데, 이게 쉬운 일은 아닌 것 같애.

면담자   그렇죠. 쉬운 일은 아니고, 또 이게 직업이 되면 더 힘들고. 어머님 말씀처럼 순수한 마음으로 계속할 수 있어야 하는 데, 사람이 또 좀 유명해지거나 알려지거나….

혜경 엄마   그 초심이랑 완전히 틀려버리잖아요.

면담자   그러면 글이 그만큼 감동을 덜 주거든요. 그러니깐 쉽지는 않은 일이기는 하죠. 수필도 혜경이 중심인가요?

혜경 엄마   그렇죠. 우리 혜경이. 우리 넷이서 있으면서 거기에 혜경이가 도드라지게 그렇게 하는 건데, 큰애한테는 조금 미안해요. 근데 이해해 주리라고 생각해요. 왜냐하면 지도 혜경이를 생각 안 하는 것처럼 하면서도 혜경이를 얘기하면 눈물이 글썽글썽하고. 뭐 얘기하면 "열불 나게 뭐 그것들한테" 이렇게 얘기하는 거 보면, 드러내놓고 안 할 뿐이지. 지가 얘기하면 엄마 마음 또 드러내서 엄마 상처 내고 그러니깐 안 하는 것 같애요. 그래서 그냥 혜경이 얘기 그걸 소재로 그냥 하고. 대신 내가 그런 얘기는 해요, 애기 아빠한테. "혜경이 얘기는 이렇게 하면서 혜경이를 우리가 많이 저기 하지만, 혜경이가 없으니깐 그래도 많이 혜경이 불러주고. 그래도 우리가 있을 때까지는 혜경이가 옆에 있는 거잖아. 혜경이는 실체가 없으니깐 우리가 챙기는 거고, 큰애는 있잖아. 우리가 지금 보살펴주잖아. 그러니깐 똑같이 대해주는 거야" 제가 그러거든요.

면담자	동화책도 혜경이가 주인공인가요?
혜경 엄마	그렇지, 그렇지. 이제 쓰면은.
면담자	시집과 수필과 동화책이 3부작 같은 거네요.
혜경 엄마	그래 가지고 제가 동화작가님한테 그런 적이 있었어요. 그때 출판기념회 할 때 "저도 동화책 쓸 거예요, 나중에" 그러니깐 "아, 쓰라"고 그러더라고요. 그래서 "나중에 저 경쟁자 되면 어떻게 해요. 지금은 그냥 쓰고 싶다는 그런 마음이에요" 그러니깐 그냥 다방면으로 써보시라고, 쓸 수 있으면 써보시라고. 근데 제가 가끔가다 요즘 그런 생각을 해요. 내가 그런 쪽으로, 지금 자꾸 글을 한 문장이든 두 문장이든 글을 써보니깐 진짜 그렇더라고요. 제가 작가님한테도 그런 말씀을 들은 적이 있어요. 시를 진짜 어느 날 쓸 때는 하루에 몇 편을 써요. 근데 어떤 날은, 내가 '손을 대기 싫다' 그러면 내 감정적으로 그게 글이 안 되더라고요. 제가 그게.

작가님한테 그랬어요. "글은 내가 쓰고 싶을 때 그때, 내 마음이 조금 안정돼서 그러고 있을 때 쓰는 게 좋은 것 같다" 그러면서 제가 그런 생각, 요즘 그런 생각을 해요. 언뜻 막걸리 같은 거, 제가 술을 안 하거든요. 근데 '막걸리 같은 거를 집에다가 한번 담가 놓고 싶다' 그런 생각을 해요. '그거를 한 모금쯤 하고 글을 써보는 건 어떨까', 우리 혜경이한테…. 내가 어디서 주워듣고 본 거는 있나 보다, 그런 잠재의식이. 나중에 내가 몰두를 할지는 모르지만, 지금은 간간이 출퇴근하면서 핸드폰에다가 쓰지만, 나중에 쓴다고

하면…. '이렇게 좀 덕지덕지한 그런 부분은 나는 안 했으면' 하는 그런 마음을 하고[갖고] 있어요. 왜냐하면 내가 아이를 그냥 순수하게 생각하는 마음, 그런 마음으로 [하고 싶고]. 그래 가지고 작가님이 자꾸 수필을 말씀하시길래 제가 그랬어요. "수필을 쓰면 글이 더 늘어나야 된다. 늘어나게 되면 내가 혜경이를 생각하는 마음은 그대로 표현이 안 되고, 덕지덕지 다른 거를 갖다가 더 붙여야 된다" 그랬어요. 그랬더니 "그게 글이에요" 그러면서, "그렇게 쓰는 거에요" 그러시더라고요.

면담자   순서는 잘 잡으신 것 같아요. 시가 어떻게 보면 가장 순수하고, 그 마음을 가장 압축적으로 표현하는 것이고.

혜경 엄마   이게 짤막하면서도 내 마음이 그대로 내포되었다고 생각하거든요. ≪서울신문≫에 작가님이 그러셨어요. "왜 시를 하려고 그랬냐"고. 근데 시가, 이게 글이 되든 이게 시라는 거는 생각 안 해요. 저는 그냥 제 거를 메모하듯이, 그냥 그 순간을 [기록]해놓은 건데. 하다 보면 '아, 이런 것도 시구나'. 옛날에 시라고 하면 그거 있잖아요. 초장, 중장 그런 거 있잖아요, 그 4·3[조] 그런 거. 그런 것만 생각을 했는데, 제가 뒤져보면 현대시도 있고. 현대시는 자기 맘대로, 자기 내포되어 있는 거를 쓰는 것 같더라고요. 그리고 어떤 걸 보면 '어, 이런 게 시인가' 싶더라고요. '그냥 우리가 순수하게 할 수 있는 한두 줄 문장을 이렇게 놓으면 시인가 보다' 그런 생각이 들어가지고. 그냥 혜경이 생각하는 마음을 그렇게 쓴 건데. 저는 사실은 시가 더 편해요. 그냥 꾸미지 않은 내 마음 그대로. 근데 수필을 제가 20, 21편을 써냈는데, 물론 우리가 흔히 있었던 일을 그런 거를 하는데. '이게 진짜 글감인가?' 남들이 봤을 때 '아, 이런 걸로 공감을 해줄 수 있을까?' 그런 생각은 들더라고.

면담자   저는 어머님이 1, 2, 3부 혜경이에 대한 이야기를 쓰시고, 이게 계기가 되어서 혜경이가 주인공이지 않아도, 세상에 슬픈 엄마들일 수도 있고 아이들일 수도 있는 동화책을 쓰셨으면 좋겠어요. 그러면 혜경이 이름으로 사람들에게 감동을 줄 수도 있고, 또 그것이 혜경이를 기리는 아름다운 방식일 수 있을 것 같아요.

혜경 엄마   근데 교수님, 이게…. 혜경이가 사고로[에] 의해서 그렇게 있으니깐, 제가 동료한테도 그랬어요. "전에는 안 그랬던 것 같은데, 글이 뭐만 하면 슬픈 단어가 먼저 생각난다". 그러니깐 "그렇지 언니, 안 그러면 비정상일걸" 그러더라고요. 그래서 내가 우리 큰애한테도 "엄마가, 어느 정도 치유가, 엄마가 [치유]된다고는 생각은 안 해. 그렇지만 엄마가 쓰는 동안은 그래도 혜경이를 엄마가 보듬었던 그런 속으로 들어가고, 혜경이가 엄마 눈앞에서 살아 있는 거니깐 그래서 엄마는 그냥 조금 좋은 것 같애" 그랬더니 큰애가 "엄마가 그렇게 생각했으면 된 거"라고.

면담자   쓰신 시집에서 어머님이 개인적으로 가장 좋아하는 시는 어느 건가요?

혜경 엄마   그거는 '마지막 포옹'. 그날 부엌에서 있었던 거, 마

지막 안아준 거. "잘 갔다 와" 그거. 그게 제일…. 그래서 제가 핸드
폰 바탕화면에 혜경이가. 회사에서도 이렇게 내 가슴에 갖다 대요,
화면을. 그러면 엄마 심장 소리 들으라고 그러고. 나는 혜경이 가
졌을 때 쿵쾅쿵쾅 그 심장 소리, 그거 생각을 해요. 그 시도 쓴 게
있는데 그거는 여기 없거든요. 근데 그 생각을 해요, 쿵쾅쿵쾅 그
거. 그다음에… 이게 노래가 네 편이 나왔어요, 이 시집에서. 그래
서 문진오 가수님이 '노찾사'에 계셨던 그분이, '마지막 포옹'이랑
'금구모' 그거에 대해서 그 두 개랑.

면담자   그 시에서 따서 가사를 만드셨나요?

혜경 엄마   그 '금구모' 시를 그대로. 근데 그게 기타 연주인가
그래 가지고 쉽지가 않아. (면담자 : 따라 부르기가) 근데 엄청 쾌활
하게 했어요, 밝고. 저는 그런 거를 고등학생 애들이, 중고등학생들
이 조금 불러줬으면 그런 생각이 들더라고. 그리고 이상은이라는
가수님이 계세요. 한 제 나이 또래 된 것 같애, 그 '담다디' 그분 말
고. 그분이 두 개, '보이는[ㅊ] 생각' 그거랑 '꽃을 보거든'인가 그거.
'꽃을 보거든'은, 그 두 개는 엄마 마음을 많이 생각해서 하셨다고
그러더라고요. 그거는 상당히 간간한 게, 가슴에 와닿더라고요.

면담자   노래가 만들어진 줄은 몰랐네요.

혜경 엄마   네 곡이 만들어졌어요. 저는 아이들, 금구모 아이들
그게 내가 '우리 혜경이가 친구들 만나서 그랬을 것, 그런 것쯤 해
봤을 수도 있었겠다' 그런 생각. 눈이 오는 거를 보면서 쓴 거거든

요, 아침 출근길에. 엄마들한테 그거 써서 보내줬더니 엄마들이 좋아하더라고…. 근데 제가 이렇게 보면, 무의식중에 이런 게 우리 엄마한테서 영향이 있었는가 싶어요. 우리 엄마가 뭐 글을 쓰고 이런 건 아니지만, 우리 엄마가. 저는 그냥 그래요. 그게 엄마한테서 혹시 마음적으로 내가 그런 감수성을 조금 느꼈나 싶어요. 제가 직장생활 하면서, 집에서 다니니깐 퇴근해서 누워 있으면, 내 아는 사람들은 엄마한테 그런 손길을 받은 사람이 없다 그러더라고요. 저는 이렇게 누워 있으면 우리 엄마가 와가지고 나 누워 있는데 머리를 사악 이렇게 쓰다듬으면서 내 얼굴도 쓰다듬어주고 그래요. 그러면 그게 마음이 편안하게 나도 모르게 기분이 좋아지더라고요.

내가 가끔가다 그런 생각을 많이 해요. '우리 엄마가 나한테 그랬지' 그러면서 나도 우리 딸한테 '나도 한번 그런 거를 한 번이라도 더 해줘야지' 그런 생각이 들어요. 그래서 그런 부분도 있어서 아이에 대해서 좀…, 내가 조금 더 안아주고 그런 게 있었던 것 같애. 그니깐 우리 큰애가 이제 그만하래, 그런 것 좀. 근데 그래도 아직은 그냥 내 눈에 있을 때는 해주고 싶어. 그니깐 어제도 발이 쌔빨개요. 지가 화상 연고를 사 왔는데, 24살인데 자기가 할 수도 있잖아요. 근데 샤워하고는 "엄마, 나 여기에 좀 발라달래" 그 연고. 그래서 내가 "발라줘?" 그랬더니 "아유, 그럼 싫으면 관둬" 그래서 "아니, 그냥 씻고 와. 발라줄게". 바르면서 이제 "아유, 그냥 뭐 너밖에 없잖아" 이러면서. 다 혜경이 해주듯이, 혜경이한테 한다 생각하고 하는 거야. 마음으로 그러죠. 그리고 거즈 발라주고 양말까지 신겨주고 그러니 고맙다고 그러고 가더라고. 애기 아빠가 "아이고 지가 몇 살인데, 혼자 하지" 이래. 그래서 내가 "에이, 그냥 손길 줄 수 있을 때 그때 해주는 게 좋은 거야" 내가 그러죠.

근데 우리 혜경이에 대해서 이렇게 글도 쓰지만, 우리 혜경이 보내놓고 나서 제가 우리 큰애 생일 때 1년에 딱 한 번, 시를 써서 줘요. 우리 큰애한테 시를 써서 줘요. 그냥…, 혜경이가 가르친 거 아닌가 그런 생각을 해요. 내가 특별하게 모나게, 지들한테 모나게 해준 거는 그렇게 없다고 생각했는데. 그래도 저렇게 아프게 보내놓고…, 그냥 저 혼자 그래요. 나 혼자 스스로 '혜경이가 엄마를 가르치고 있는 거 아닌가…' 그렇게 생각해서 언니한테 더 잘해줬으면, 그런 마음으로 그냥 하고 있어요.

12
참사 이후 가족들의 생활

면담자 엄마로서 아이를 잃은 상처와 충격 때문에 힘들기도 하지만, 여전히 엄마이기 때문에 남은 아이를 돌봐야 하잖아요. 이 일이 있고 나서 가족 내에서 어떤 변화들이 있었는지요? 혜경이 언니와의 관계라든지, 언니가 더 힘들어한다든지 그런.

혜경 엄마 바뀐 거는, 셋이 생활하는 것에 있어서 바뀌는 거는. 겉으로는 다, 제가 느낀 게, 겉으로는 다 표시를 안 내려고 다들 그래요. 초창기에는 어떤 거를 제가 느꼈냐면. '아, 이러다가는 이혼을 하겠구나' 그런 생각을 했어요. 왜냐하면 제가 밥을 삼시 세끼 해주는 게, 밥을 차려 먹는 게 꼴 뵈기 싫은 거야, 아빠가. "꼭 밥을 먹어야 돼?" 제가 그랬어요. 근데 아빠가 아무 소리 안 해요. 지금 생각하면 그것도 고맙더라고요. 그냥 아무 생각 안 하고 "밥 차려 줘" 그러더라고요. 근데 저는 그게 '지 새끼 그러고 갔는데 밥이 넘어갈까' 그랬어요. 하다못해 장을 봐도 그런 피해의식. 사람들이, 사람을…. 거부감 그것도 있고. 사람들이 '아유, 지 새끼 그렇게 보내놓고 먹을 거는 또 사 가네' 그런 생각을. 과대망상이라나 그런 거를 많이 생각해. 근데 그러다가 안 되겠더라고요. 자꾸 내가 성질내면서 그러니깐 아빠도 제가 보기엔 많이 참고 있는 것 같고. 근데 중간에서 남아 있는 딸은 지는 또 뭐야. 그러니깐 지는 지대로, 엄마도 지금 이 상황에서 혜경이만 생각하고 있고 그러는데.

그래서 제가 어느 날 밥상머리에서 그랬어요. "나는 혜경이를 잊을 수가 없어. 다 똑같겠지. 잊을 수가 없고, 그담에 혜경이 얘기를 안 할 수가 없어. 그거는 어쩔 수 없으니까, 나는 참지를 못하겠으니깐, 그냥 내가 혜경이 얘기 하고 싶으면 혜경이 얘기 할 거야. 혜경이 보고 싶으면 혜경이 보고 싶다고. 그러니까 그렇게 알아. 그리고 각자도 참지 말고 혜경이 보고 싶으면 보고 싶다고 말해. 그리고 혜경이 이름 부르고 싶으면 혜경이 이름 부르고. 그게 지금 셋이 남아 있는 사람들의 살아가는 올바른 방법인 것 같애". 제가 그랬어요.

면담자   그때가 언젠지요?

혜경 엄마   초예요, 초. [참사 이후] 몇 개월도 안 됐어요. 그리고 그 당시에 TV에서 유가족들 심리 뭐 그러면서 트라우마 그런 거 많이 나왔거든요. 그런데 저는 사실 그런 거 방송에서 나온 거를 조금 고깝게 생각했어요. 왜냐하면 내가 아니니깐. '저 사람들은 전문적인 사람들이라 글로 풀어서 말할 뿐이지 내 속에 있는 그거 는 못 풀어준다' 그러면서 제가 그랬어요. 밥상 앞에서. "TV에서 봐봐, 저 사람이 저렇게 얘기하지. 저거 우리한테 도움 하나도 안 돼. 안 되니깐 우리는 우리 나름대로의 셋이, 그냥 셋이 나름대로 풀어나가자. 그게 트라우마를 우리가 가장 현명하게 [극복]하는 것 같애" 그랬더니, 우리 큰애가 "엄마, 그렇게 하자"고. 그냥 누구 도 움 받지 말고 우리 셋이서 그렇게 하자 그랬어요. 그래 놓고 하니 깐 조금 마음이 편해지더라고요.

면담자   어머님이 그 이야기를 하시기 전에는 혹시라도 혜경 이 관련된 얘기를 하면 엄마가 더 슬퍼할까 봐 언니가 조심하고 그 랬다는 거죠?

혜경 엄마   응, 큰애는 그랬지요. 큰애는 그랬고 아빠도. 아빠는 그러지는 않지만, 내가 자꾸 "밥을 꼭 먹어야 돼?" 그러니깐 그런 게 콕콕 찔리겠지. 그런데 나중에 이 책 내면서 아빠가 출판사에서 한 얘기가 있어요. 자기는 당뇨가 있어서 당 떨어지는, 몸에서 그 래 가지고 밥을 안 먹을 수가 없다는 거야. 그니깐 나는 당뇨, 아빠가 있는 거를 알면서도 그런 거는 전혀 생각을 안 했지. 자기는 그래서 "어쩔 수 없이 그랬다"고 그러더라고요. 자긴들 "자식 일인데 밥이 먹고 싶겠냐"고. 근데 자기도 "그러니깐 어쩔 수 없다"고 그렇게 얘기를 하더라고요.

하여튼 초창기에는 '이러다 이혼도 가능하겠구나' 그래서 제가 셋이 모아놓고 그랬는데. 그게 변한 거라고 하면, 눈에 띄게 한다는 거는 그냥 뭐 얘기하다가 먼저 꺼내는 게 "아, 혜경이는 이렇게 했는데" 주제가. 그리고 뭐 꼭 혜경이, 비유를 해도 "어, 혜경이는 이랬는데". 그냥 변한 건 그거, 그게 제일 많이 변한 것 같아요. 그래서 큰애한테 미안한 게, 내 안에는 몽땅 혜경이가 있는 거라고 생각을 할까 봐. 근데 제가 제 큰애한테도 그랬거든요. "혜경이는 지금 우리 옆에 없지만 혜경이도 엄마 딸이야. 너도 엄마 딸. 그래서 엄마는 혜경이를 놓을 수가 없어. 엄마가 죽으면 놓겠지만 지금은 그럴 수가 없어" 그랬거든요(울음). 그렇게 얘기를 하니깐 우리 큰애는 조심을 해요, 많이. (울먹이며) 혜경이 얘기만 나와도 제가 먼저 울어요. 세월호의 "세"자만 나와도 제가 울어요. 그러니깐 우리 큰애가 안 꺼내려고 해요. 그리고 우리 큰애[한테]는 제 동생이 문자로 "엄마 잘 지키라"고, 그러니깐 더 그런 거에 조금 많이 조심하고 그러는 것 같아요.

그래서 변한 거는 항상 뭘 얘기하면 "혜경이는…" 이랬는데, 아빠도 조금 많이 이래요. 그리고 우리 큰애가 그게 있었어요. 큰애도 무의식중에 그게 나온 거예요. 밥을 먹으러 갔어요. 갔는데 우리 큰애가 컵을 네 개를 놓은 거예요. 그래서 제가 속으로 '혜경이까지 넷을 생각하고 있나 보다' 그랬어요. 그러더니 우리 큰애가 네 개를 놓더니, 다 놓더니 순간 "어, 아닌데" 이러더라고요. 그니까는 자기도 무의식중에 항상 넷[을] 놨던 거를 생각을 한 거야. 그래서 제가 나중에, 며칠 지나가지고 "딸, 지난번에 컵… 왜 네 개 놨어? 혜경이, 우리 예전처럼 아무 생각 없이 그렇게 했어?" 그랬더니 "응" 그러더라고요. 그니깐 지도 나한테는 말은 안 하지만 항상 그 넷이 있던 그게 생각나는 거지, 그 말은 안 해도(울음).

제가 그 이후에 시를 쓴 게 있는데, 짱구 잠옷을 우리 큰애가 사 온 거예요. 근데 우리 혜경이가 짱구를 엄청 좋아해요. 고등학생인데도 짱구 만화 그거를 잘 봤어요. 지 말로는 "그냥 뭐 사고 싶어서 샀어" 그러는데, 그때 그 짱구 시리즈, 작년인가 그때 짱구 시리즈 그 잠옷이 한참 저기[유행]했어요. 근데 그거를 사 왔더라고요. 하나는 민트색이랑 하나는 분홍색이랑. 근데 해가 지면서 "엄마, 이 거는 혜경이가 좋아하는 짱군데 혜경이는 없는데" 그러더라고요. 그래서 제가 "혜경이 생각나서 샀어?" 그랬거든요. "혜경이 생각하고, 이거는 혜경이가 입었다 생각하고 언니가 두 개 입어야지" 그 랬거든요. 제가 그런 거를, 다 혜경이랑 연관이 되니깐, 우리 혜경이가 꼭 기억이 있잖아요. 민트 향이 엄청 시원하잖아요. 그런 거를 썼어요. '언니가 그래도 동생이 코 막힌 거 생각해서 민트 향 짱구 좋아하는 거 그런 거를 했네' 싶어서 "언니가 그래도 치우치지 않는 마음의 저울을 가지고 있다"고 그렇게 썼어요. 왜냐하면 자랄 때는 티격태격하면서도 제가 비유를 그렇게 했어요. 누룽지 제가 해주면 하나라도 더 먹으려고 그런 마음이 생겼을 텐데. "그래도 지금 그 짱구 잠옷을 보고 마음의 저울이 항상 동생한테 치우치지 않고 있나 보다" 제가 그랬거든요. 그래서 '아, 동생을 많이 생각하고 있구나. 단지 엄마가 아파할까 봐. 그래서 지가 먼저 안 꺼내는 구나' 그랬지.

면담자   어쨌든 엄마는 자식이 떠난 거니까 상처가 더 많을 수밖에 없지만, 떠난 자식을 계속 그리워하는 엄마, 아빠를 보고 산다는 게 불편한 형제자매들도 있을 거예요. 그리고 형제자매를 잃고 본인도 힘든데, 엄마, 아빠보다 덜 힘드니까 참고 있다가 폭발하거나 서러워하거나 그런 경우도 있거든요. 혜경이 언니는 그런 것에 대해서 엄마에게 불만을 가지거나, 나도 생각해 주라고 말한 적은 없었어요?

혜경 엄마   아직은 그런 적은 없었어요.

면담자   언니라서 확실히, 동생이랑 언니랑은 좀 다를 수도 있고요.

혜경 엄마   그리고 저희가 좀 빠르게, 애기 아빠가 빠르게 한 게, 그 사고 나고 혜경이를 다 보내놓고 나서 열흘을 회사를 안 간 거예요. 아빠도 그렇고 언니도 학교에서 2주 동안 나오지 말라 그랬는데, 열흘만 저기[결석]하고 "본연의 자리로 다들 가라"고 아빠가 그랬어요. "그렇지 않으면 여기서 다 못 일어난다"고. 여기서 다 못 일어나니깐 다 각자 본연의 자세로 가라고, 아빠가.

면담자　　　그게 2주 후에.

면담자　　　네. "그게 다 정신적으로 건강해지고, 혜경이한테는 좀 미안하지만, 각자 삶을 사는 게 그래도 좋은 것 같다", 아빠가 그렇게 얘기를 한 거예요. [그래서] 저도 빨리 회사에 간 거고, 아빠도 회사에 가고, 언니도 학교를 빨리 간 거야. 학교에서 교수님이 "왜 벌써 나왔냐"[고] 그니깐 오히려 그게 음…, 저는 정신적으로 우리 큰애한테 많이 도움이 됐다고 생각해요. 〈비공개〉 큰애도 학교 다니고 저는 직장 나가는데, 사실은 우리 큰애가 그 얘기를 한 적이 있어요. 둘이 얘기하다가, 지가 뭐 얘기하면 제가 우니깐 뭐 얘기하다가 그러더라고요. "엄마, 혜경이를 생각하는 마음이 엄마나 아빠 마음보다 자기는 덜할 거"라고 그렇게 얘기하더라고요. "엄마, 아빠 마음이랑 같겠냐"고, 자기가 뭐 그렇게 얘기하면서. "그냥 건강하게만 그렇게 살아가라"고 그러더라고요. 그래서 "그래 고맙다" 그랬어요.

근데 지도 직장생활, 학교를 그러면서 조금. 저도 혜경이 보내놓고 혜경이한테 그 마음이 좀 저기 한 게, 우리 큰애가 혜경이 보내놓고 꿈을 꿨는데, 혜경이가 웃으면서 "위에서 다 보고 있다, 잘하라"고 그러더래요. 그런데 자기가 꿈속인데도 좀 섬찟하더래요, 위에서 보고 있다니깐. 그 얘기를 해요. 그래서 "잘해야지. 어른들이 잘해야지. 어떻게 됐는지 진상 규명도 잘돼야 되고" 그랬거든요.

근데 제가 활동을 적극적으로 못 하는 부분에 대해서 아빠도 그렇고 그런 게 조금 많이…, 저는 그래요. 부모님들한테 미안한 게 아니라, 활동을 적극적으로 하시는 분들한테 미안한 게 아니라 우리 혜경이한테 미안해요, 엄마, 아빠가 적극적으로 활동 못 해서. 근데 그 당시에 저도 "아예 회사를 접고 임원에 들어가서 우리 반 저기[대표]를 할까" 그랬어요. 그니깐 아빠가, 아빠는 그거 알거든요. 제가 뭐를 하나를 탁 하면 아주 죽기 살기로 그거를 해버리니깐. 왜냐면 제가 책을 읽어도 그거를 홀딱 새서 다 읽어야 돼요, 첫 장을 하면은[읽으면은]. 왜냐면 중간에 끊기면 문맥이 안 이어진다고 생각을 해서 그걸 다 읽어야 되고, 뜨개질을 해도 밤을 홀라당 새면서 그거를 다 완성을 해야 돼요. 그니깐 아빠가 그거 성격을 알아가지고 "당연히 해야 되는 거는 알지만 그냥 자기는 ○○ 엄마 마음은[을] 치유를 하려면 ○○ 엄마는 그냥 직장을 다니는 게 좋을 것 같다"고. 그래서 직장을 다닌 거거든요. 그렇지 않으면 벌써 지금 [활동]하시는 분들이랑 같이했겠지. 그래서 아빠가 많이 그렇게 얘기해서 안 한 건데.

그리고 [혜경이] 언니가 뭐 얘기하다가, 학교 다니다가 직장 다니게 되니깐 친한 친구랑 백화점 어디 가서 새로운 음식 먹잖아요. 그때 혜경이가 많이 생각난대요. '있으면 같이 먹을 텐데' 그 생각 하고, 영화 티켓이 회사에서 나오면 "에휴, 이거 주면 영화 잘 보러 다닐 텐데 친구랑" 그런 말을 하더라고요. 그니깐 무심한 척, 나한테는 무심한 척하지만 그렇게 얘기할 때는 자기도 그만큼 다 감싸고 있는 거지, 혜경이를. 그리고 그런 말을 한 적이 있어요. 1년 지나서 혜경이 제사를, 제사만 지내죠, 저희는. 근데 1년 되는 날 그러더라고, 다 지내고 나서. "동생 하나 낳아줬음 좋겠다"고, 자기 너무 외롭다고. 그러면서 그거는 못하는 일이라고 그랬어요. 그랬더니 서울로 이사해서는 그러더라고요. 자기가 우리 혜경이 방에는 잘 들어가요. 가서 혜경이 방에서 컴퓨터하고. 예전에 학교 다닐 때는, 이사 가기 전에 혜경이 방에서 공부하면 그렇게 머릿속에 잘 들어온대.

그런데 서울 갔을 때 언젠가 그러더라고요. 자기는 너무 외롭고 그래서 집에 들어오면, 캄캄한 데 혼자 딱 들어와서 있으면 싫대. 그래 가지고 "엄마, 나는 혼자 있는 거 싫어 가지고 내가 자꾸 밖으로 다니는 거야" 이렇게 얘기하더라고요. 그래서 그 빈자리가…, 제가 그래요. 내가 혜경이를 많이 생각하고 드러내놓고 그러는 부분을 우리 큰애한테 많이 미안은 해요. 그렇지만 우리 큰애도 그거를 이해를 해주면서, 지도 나랑 똑같이 안고 있지만, 그래도 내가 많이 큰애를 지금 못 보듬어주고 있는 건가 싶더라고. 그래서 내가 한 날 우리 큰애한테, 큰애가 뭐 저기 하다가 혜경이 얘기 나와가지고 울면서 "고마워, 혜경이 얘기 해줘서" 그랬더니. "아유, 우리 엄마는 별걸 다 고마워한다"고. 그래서 내가 "아니야" 그랬더니 "혜경이가 남인가?" [그러더라고요].

그런데 우리 큰애도 자기 상처를 드러내놓지는 않아요. 가끔가다 그냥 내가 혼자 속으로 그래. '우리, 섭섭해하는 마음도 있겠다'

싶더라고요. 왜냐면 그전에는, 이런 사고가 있기 전에는 똑같이, 진짜 똑같이 했는데, 지금 혜경이가 없어지면서 모든 게 그냥, 뭐 얘기를 해도 혜경이, 뭐가 주제거리가 하나 나와도 혜경이한테 빗대서 얘기하고 그러니깐. '내가 그렇게 얘기하면 우리 큰애가 조금 서운해하는 거 아닌가' 그렇게 생각해. 저는 대신 물어보지는 않아요. 그게 또 상처가 될 수도 있으니깐. 근데 언젠가 우리 유가족 부모님이 한번 그런 말을 하더라고요. "자매는, 형제자매는 소용없다"고. "생각도 안 한다, 떠난 애 생각도 안 한다"고 그래. 그래서 내가 "그게 아니다. 우리 큰애 보니깐 그게 아니다" 그랬어요. 그랬더니 "아유, 아니라고" 그래요. 그래서 내가 "오히려 남아 있는 형제자매가 좀 소외감을 느낄 거 아니냐". 제가 그런 적은 있었어요.

근데 그럴 수도 있을 것 같애요. 왜냐면 똑같은 사랑을 하다가 어쨌거나 말로 하는 거는 한쪽으로 많이 치우쳐 있거든요, 표면적으로 말하는 게. 그래서 내가 '아유, 우리 큰애한테 조금 더 잘해줘야지'. 그래서 그런 적은 있어요. "엄마가 미안해. 혜경이만 저기 해서" 그런 적은 있어요. 그니깐 그냥 제가 말은 안 하지는 않아요. "엄마는 똑같애. 그냥 혜경이가 단지 없어서, 그렇게 아프게 갔으니깐. 부모라서 마음이 지금 많이 아픈 거야. 그니깐 딸이 좀 이해해 줘" 제가 그러지요. "언니는, 큰딸은 엄마 곁에 있잖아. 엄마, 아빠 곁에서 엄마 도와주고, 보호해 주잖아. 그니깐[그렇지만] 없는 사람은, 혜경이는 이걸 누릴 수가 없잖아. 그래서 그러는 거야" 그러거든요. "알아" 그러더라고요.

167
•
2회차

면담자　　　　말씀을 들어봐도, 언니가 이해를 잘하고 있는 것 같아요.

혜경 엄마　　　응. 그런 것 같아요.

면담자　　　　아버님이 2주 이후에 다 각자 원래 자리로 돌아가자고 하셨던 게 어떻게 보면 혜경이를 일찍 만났기 때문에 가능했었던 것 같아요.

혜경 엄마　　　그렇죠. 일찍 만났기 때문에 그랬고. 그리고 아빠가, 저는 그런 것 같아요. 일찍 만나서도 그렇지만, 아마도 주저앉는 경우가 확실할 것 같아서 그랬던 것 같아요, 그냥 제 생각은. 아니면 큰애를 생각해서 그럴 수도 있고, 큰애를. 엄마, 아빠가 저렇게 푹 가라앉아서 있고 그러면 같이 있는 사람으로서 좀 곤욕이잖아요. 그니깐 '불쌍하게 간 혜경이도 그렇지만 그래도 살아 있는 사람은 좀 헤쳐나가는 방법도 있어야 되겠다'. 근데 제가 보니깐, 형제자매 중에서도 그 이후로 학교를 안 간 사람이 있어요.

면담자　　　　맞아요. 형제자매 중에서 많이 힘들어하는 경우도 있어요. 적지 않아요.

혜경 엄마　　　응. 안 간 사람이 있어요. 힘들어한다고 그러더라고요. 그니깐 저는 그냥 좀, 아빠가 큰애한테 정신적으로 조금 강해지라고 그렇게 했던 것 같애. 아무래도 집에서 그러고 있는 것보다는 학교 가서 새로운 환경에 있는 게 나을 것 같다는 그런.

168

혜경 엄마 유인애

면담자   어떠세요? 지금 생각해도, 힘들지만 2주 후에 직장에 복귀를 하고, 큰딸도 학교에 복귀를 하고, 어떻게든 적응을 하면서 살아가려고 빠른 복귀를 선택한 것이 잘한 것이라고 생각하세요?

혜경 엄마   그러니까 이제 회사에서도 사장님은 한 달을 생각을 하신 거야. 그런데 제가 나가니깐. (면담자 : 놀라셨죠) 응. (면담자 : 그 전화하셨던 분이요) 네. "왜 벌써 나왔냐"고. 그래서 "그냥 나왔다" 하니깐 "한 달은 있어야 되지 않냐"고. 근데 그냥 표현을 하자면, 집 분위기가 암울했어요, 진짜.

면담자   차라리 뿔뿔이 흩어져서 어디 가 있는 게….

혜경 엄마   가 있는 게 나았어요. 그 분위기가 만일 지속됐다면 뛰쳐나갔을 것 같애, 우리 큰애가. 그래서 그냥 그렇게 빨리한 게, 아빠가 빨리 가라고 한 게 나은 것 같애.

면담자   가족이 유지되기 위해 힘들지만 빨리 복귀하라고 한 게 낫다고 생각을 하신다는 거죠. 오늘은 여기까지 할게요. 쉽지 않은 이야기인데 긴 시간 말씀해 주셔서 감사해요.

3회차

2018년 10월 17일

1
시작 인사말

면담자 　　본 구술증언은 4·16 사건에 대한 참여자들의 경험과 기억을 기록으로 남김으로써 이후 진상 규명 및 역사 기술에 기여하고자 합니다. 지금부터 유인애 씨의 증언을 시작하겠습니다. 오늘은 2018년 10월 17일이며, 장소는 안산시 4·16기억저장소입니다. 면담자는 이현정이며, 촬영자는 강재성입니다.

2
2014년 활동

면담자 　　4·16 이후에 벌써 4년이 넘었는데요. 그 시간 동안의 투쟁 및 공동체 활동에 대해서 여쭈려고 해요. 가족협의회[4·16세월호참사가족협의회] 활동뿐 아니라 온마음센터라든지 '이웃'[치유 공간 이웃]이라든지 안산 지역의 다른 단체 활동에 참여하셨다면 그 이야기를 해주시고요. 가족분들이 언론의 왜곡 보도에 대응을 해야겠다고 생각을 하신 후 2014년 5월 8일, 9일 KBS 항의 방문이 서울에서의 첫 집단적인 움직임이었는데요. 어떻게 참여를 하시게됐는지 등을 말씀해 주시면 좋겠어요.

혜경 엄마 　　그때 혜경이 장례를 다 치르고 나서 한동안 방송 매체를 접하지도 않고 그러고 있다가, 아빠가 아침에 한동안 안 보다가 TV를 켰어요. 근데 올림픽기념관 거기에 많은 시민분들이 줄서서 그거[조문]하시는 방송을 보고는 "그래도 우리가, 혜경이가 저기 있는데, 우리도 한번 가봐야 되지 않겠냐" 그래서 사실은 그때 처음 나갔어요. 처음 올림픽기념관에 큰애랑 셋이 가서 아이들한테 앞에서 [조문을] 다 했어요. 〈비공개〉 거기선 아무것도 안 했어요. 그냥 갔다가 왔어요.

다시 화랑유원지로 옮긴다고 그랬잖아요. 그래서 두 번째로 가서 아이 데리고 화랑유원지로 왔었거든요. 근데 [화랑유원지 분향소로] 오고 나서 계속 우리가 가족협의회에 유가족 대기실에 나가게 됐어요. 〈비공개〉 집에서 걸어서 가든 아빠랑 같이 차 타고 가든 초창기엔 계속 나갔어요. 아침에 그냥 눈뜨면 바로 거기로 가는 거예요. 그래서 가서 초창기엔… 그걸 피케팅이라 그래야 하나? 초창기에도 [피켓] 들고 분향소 앞에서 했었어요. 그걸 교대로 계속하다가….

사건은 뭐 화랑유원지에서도 좀 많았지. KBS에서 그런 거 있을 때 와가지고, 그 국장인가가 누가 왔을 때…. 〈비공개〉 그때 좀 있다가 밤에 갑자기 KBS에 영정 사진 들고 가자고. 영정 사진을 들고 가는 게 참 그게, 어떻게 보면 우리의 아이한테 좀 미안하잖아요. 근데 그래도 그렇게 하면, 제 생각은 그랬어요. 부모 마음이 어떤 건가를 [시민들이] 볼 것 같아서. 그래서 아빠도 그냥 가기로 해서 밤에 동참을 한 건데. 아빠랑 같이 갔어요. 그때는 아마 초창기라 엄마, 아빠들이 같이 가신 분들이 많을 거예요, 거의 부부가. 왜냐하면 제가 보기에도 그날 그 효자동에 앉아 있을 때, 그 마당에 앉아 있을 때 둘이 있는 집들이 많았거든요. 그니깐 부부가 같이 온 집들이 많은 걸로 저는 기억해요. 근데 거기에서 생전 처음 그런 거를 하는, 내가 '아유, 아이 잃고 이런 것도 하게 되는구나' [싶더라고요].

그래서 아빠랑 KBS에 갔을 때는, 거기서도 경찰들이 다 저기 하고 있으니깐, 차로 다 막아놨으니깐 저기 하지 않는데. 좀 극성스러운 엄마들은 차 거기 올라가려고 시도하고, 어떻게 해서든지 좀 빠져나가려고 그랬는데. 내 기억으로는 그때는 김병권 씨가 집행위원장이어서 빛나라 엄마도 많이 앞에 나서서 선두에서 하고 그랬는데. 그 엄마들 그렇게 하는 것도 많이 띄었어요, 앞에 나서서. 우리 힘으로는 안 되지, 될 수가 있나.

그래서 거기 앉아서 그냥 있다가 이동을 다시 한다고 그래서, 효자동 있는 데로 가면서, 내가 아빠랑 가면서…(한숨). 그때는 그런 거는, 이런 것까지는 생각을 못 했어요. 이렇게 큰 저거라는 것도, 그때도. 그냥 우리는 그 아래서 일어나는 일도 잘 모르고. 언론은 완전히 접하지 않고 가협에 나오면서 알음알음 들으면서 〈비공개〉 "이렇게 큰 거였나?" 아빠랑 그러면서, 밤에 춥다는 생각도 안 들더라고요. 모포, 시민단체 분들이신지 몰라도 그런 모포 같은 거를 금방 어떻게 수급을 해주셔 가지고. 그거 쓰면서 효자동 있는 데까지, [원래는] 청와대 가기로 했는데 못 가지 당연히. 골목골목마다 다 대치하고 있는데. 결국엔 주저앉은 곳이 그 효자동 앞마당인데, 거기에 앉아서 하룻밤 꼬박 새면서 아이들….

그 마당에서, 그때는 당시에 시민단체 분들이 저희한테 좀 다가오려고 그랬는데, 그때 제 기억에는 그분들을 못 들어오게 했었어요, 우리 힘으로 하겠다고. 우리 힘으로. 근데 그때 나는 그런 것도 처음이니까 모르지. 근데 같이 옆에서 응원이라면 응원인데 그렇게 해주시는 분들도 있고 그래서, '아, 그러시는 분들이 의외로 있네?' 그랬는데 나중에 알고 보니깐 그분들이 다 시민단체 활동하시는 분들인데. "우리 힘으로 하겠다" 그러면서 있다가. 거기서는 앉아서 있다가 기억으로는, 아이들 누가 그거[동영상] 만들어준 거를 한 번 봤고. 시연이 거를 누가 만들었더라고요. 빨리 또 만들었더라고, 어느 친구가 만들어줬는지. 그래서 시연이에 대한 그런 거를 보고. 노래 잘한다고 했던 그 친구 노래하는 거를 보고. 특별하게 기억은 그냥 없어요. 그냥 앉아서 마냥 기다리고 그거밖에는.

〈비공개〉

면담자   혜경이는 일찍 만나신 편이잖아요. 혜경이를 추모공원에 안치를 하고, 그다음에 반별 모임이라든지 그런 거를 가지셨나요?

혜경 엄마   반별 모임은, 우리가 첫 효자동 갔을 때도 우리 반은 아마도 별로 없었어요. 그게 초창기라. 그리고 그때 당시에도. (면담자 : 아직 안 올라오신 분들이 좀 있으셨을 거예요) 반별로는 그게 없었어요. 왜냐하면 우리가 대기실에 가도 우리 반을 몰라요. 그냥 다 다른 반이랑 어울려서 있다가, 앞에 가서 그거[피켓] 들고 있다

가. 다 그거 스스로 알아서 자동으로. 이 팀이 몇 명이 갔다가 오면 다음 사람이 [들고] 그렇게 했지, 반별로 그런 거는 몰랐어요. 그러니깐 다 다른 반들끼리 합쳐서, 섞여서. 그리고 한참 후에나 반별로 그렇게 진행됐을 거예요. 반별로 하면서 밴드 형성되고. 그게 제 생각으로는 반 대표 뽑고 그러면서 형성이 된 것 같아요.

면담자   전체 총회로 모이셨을 때가 5월 15일이니 훨씬 뒤거든요. 그 뒤에 그걸 정하셨을 수 있을 거예요. 처음에 올림픽기념관을 가보겠다는 생각은 '그래도 한번 가서 보자' 하는 마음이었나요, 누구한테 연락을 받은 건지요?

혜경 엄마   그런 건 아니고. 아빠가 TV를 틀었는데 많은 분들이 줄서서 계시니까, "우리도 가야 되지 않냐" 그래서 가게 된 거지.

면담자   분향소 옮겨지고 가족 대기실에 자주 나오셨나요?

혜경 엄마   그때는 계속 나갔지, 거의 매일.

면담자   가족 대기실에 갔을 때 주로 부모님들이 와 계셨을 것 아니에요. 부모님들의 분위기는 어땠나요, 분노나 걱정, 아니면 의논하는 분위기였는지, 서로 말씀을 안 하셨는지 등이요.

혜경 엄마   안 했어요. 그냥 다 앉아서 남 쳐다보듯이 그렇게만 봤어요. 〈비공개〉

면담자   초기에 대기실에서 기억나는 다른 일은 없었나요?

혜경 엄마   정보과 형사인가가 법원 재판정에 갈 땐가 미행을 했다고 그래 가지고 그 사람을 어디 휴게소인지로 데리고 왔어요. (면담자 : 유가족 대기실로?) 화랑유원지 거기로. 그래서 한바탕 소동이 일어났었거든요. 그게 안산 정보과에 있는 사람인지.

면담자　　형사한테 잘못했다고 확인받고 사죄받았던 사건으로 알고 있어요.

혜경 엄마　　그때가 아마 빛나라 아빠가 위원장이었을 때 그랬을 거예요, 초창기 때.

면담자　　이때 김병권 씨 빛나라 아버님이 형사한테 "잘못했다"고 하라고….

혜경 엄마　　하고 또 다른 유가족분도 질문을 많이 했어요. 그분도 기억이 나는데, 그분은 안 나오시더라고. 활동을 안 하시더라고. 그분도 강하게 질문하고 그랬거든요.

면담자　　그때 그 형사가 했었던 말 중에 혹시 기억나는 것 있으세요?

혜경 엄마　　기억은 안 나고 그 사람들이 아무리 저기 해도 그런 거 뭐 얘기하겠어요. 그냥 "죄송하다"는 그런 거 아니면 꿀 먹은 벙어리처럼 가만히 있는 거 그런 것밖에 없지.

면담자　　가족분들에 대해 경찰과 국정원에 의해 사찰이 이루어져 왔다는 정황상의 이야기들이 많이 있어요. 근데 이 사건만 유일하게 증거가 있는 거예요. 왜냐면 그분이 직접 왔고 어쨌든 잘못

했다고 인정한 유일한 경찰이죠. 이거는 국정원은 아니고 경찰에 의한 사찰이죠. 당시 혜경 어머님이나 아버님 같은 경우는 그동안 집회에 참석하신다든지 하는 경험이 없으셨잖아요.

혜경 엄마　　처음이죠, 생전 처음이지.

면담자　　근데 하시면서 국가라든지 언론에 대해서 기존에 가졌던 생각이나 마음의 변화가 있으셨나요?

혜경 엄마　　완전히 틀려졌죠. 예전에는 뉴스를 보면 그걸 다 믿었어요, 뉴스 자체를. 그리고 신문이든 뭐든 그런 거에 비춰지는 거는 몽땅 그대로 흡수한 건데, 이 사건을 계기로 진짜 10개 중에, 뉴스 보면 애기 아빠랑 그 이후로 하는 말이 "10개 중에 1개 반만 맞을 거다" 이렇게 돼버리고. 그다음에 나라에서 하는 거는 신빙성이 [없고], 나라에서 하는 것도 못 믿는 그런 걸로 되어버렸죠. 모든 게 다. 그리고 새롭게 본 거는 정치라는 것에 대해서 '아, 이게 모든 거는 다 정치랑 연관이 되어 있는 건가 보다' 그렇게 해버리고 말지. 그니깐 지금도 사람이 믿는 그런 게 습관이라기보다 그냥 '아, 그렇구나' 하고 그렇게 되어버린 게, 지금 이 나이 되도록 돼버려 가지고. 지금도 가끔가다 "저랬대" 그러면 애기 아빠가 옆에서 "그걸 믿어, 그렇게 당하고도?" 그래. 그래서 내가 "그러게. 여태까지 모든 버릇이 쉽사리 안 버려지나 보네" 제가 그러거든요. 하여튼 안 믿어요, 언론이라는 것 그 자체를.

면담자　　효자동에 항의 방문을 하는 동안 시민단체가 지지

혹은 지원을 하기 위해서 왔을 때, 가족분들이 "우리는 우리 독자적으로 하겠다"라면서 초기에 정치적으로 어떤 곳에 속하지 않고 싶어 하셨어요. 그랬던 상황에 대해서 당시에 '왜 저 사람들을 막나?' 하는 생각이 가족들에게 공유되었나요?

혜경 엄마   아니, 공유되는 것은 없었어요. (면담자 : 그냥 김병권 씨가) 그냥 그 자리에서. 저도 그때 그랬을 때 '우리 힘으로 하는 게 뭔가가 조금…, 내 자식이니깐 우리 힘으로 해보자는 의지가 있어서 나온 말인가 보구나' 그렇게 생각이 들었지요. 그리고 저도 그렇게 얘기할 때 그런 게 처음이라서 그런지는 몰라도 '우리 힘으로, 당연히 우리 힘으로 해야지' 그런 생각을 가졌거든요.

면담자   4년이 지나서 지금 생각해 보면, 그 당시의 유가족 대표분의 결정은 어떻게 생각되세요? '우리 힘으로 하면 더 좋았을 텐데' 하는 이러한 아쉬움이 있다거나, '처음부터 우리가 너무 순진했고, 조금 더 정치적으로 했어야 한다'거나 어떤 생각이 드세요?

혜경 엄마   아뇨. 저는 정치적으로 하는 거는 그냥…. 우리가 좀 당하고 농락을 당한다는 그런 느낌…. 그래서 뻑하면 지금도 그러잖아요. 그냥 우리 아이들 입에 오르면, 세월호라는 거를 입에 올려서 그럴 때 되게 마음이 아파요. 그래서 나는 가끔은 그런 생각도 해요. "우리 힘으로 했으면 어땠을까?" 가끔 그런 얘기를 애기 아빠한테 해요. "우리 힘으로는 못 해, 시민단체 분들이 그렇게 도와주셨으니깐 지금 이만큼 하고". 그다음에 시민단체뿐만 아니라 교수님처럼, 애기 아빠가 그래요. "지식인들이 그만큼 나서서 하고 그랬으니깐 이만큼 그랬지. 우리 힘으로만은 에휴. 기도 못 편다. 우리 힘으론 못 해" 그래요.

면담자   어머님 생각엔 세월호나 아이들에 대한 것이 왈가왈 부되고 이용되는 모습을 볼 때는 유가족 부모의 마음으로 '우리끼 리 했으면 좋지 않았을까' 그런 아쉬움이 조금 드신다는 거죠?

혜경 엄마   그런 것도 없지 않아 있어요. 근데 애기 아빠는 절대 피지도 못한다고 그러지, 우리가 했으면. 많이 도와주셨으니깐 그 나마 적나라하게 드러내는 것도 드러내고 그러는 거라고 애기 아 빠는 그러지. 저는 그런 게, 뭇사람들이 지금도 그렇게 말하는 사 람들이 많지요. 아직도 그러면서 울궈먹을[우려먹을] 때까지 그런 얘기를 해요. 근데 그러면 "하나도 밝혀진 게 없는데" 그렇게 말할 때는 난 애들만 불쌍해. 그냥 우리는 그런 소리 들어도 되는데 애 들이 불쌍하더라고요. 그냥 걔네는 아무것도 모르고 당하기만 한 건데. 그래서 내가 우리 큰애한테는 그랬지, 항상. "어디 가도 사람 들이 네가 동생이 거기 있다는 거는 모르지만, 또 너를 아는 친구 나 너를 아는 어른들은 네 동생이 거기에 있었다는 거 많이 알고 있으니까, 혜경이 욕먹이는 일은 하지 말라고". 저는 항상 그래요.

면담자   어머님 같은 경우는 물론 직장 때문에 행사나 집회 에 참여하시지 못했었던 것도 크지만, 언젠가부터 가족협의회 활 동으로부터 좀 거리를 두고 오히려 혜경이를 생각하면서 글을 쓴

다든지, 뭔가 나름의 추모나 기억하는 방법을 가져야겠다고 결심하시게 된 거잖아요. 그러한 결심을 하시게 됐던 시기는 언제부터였나요?

혜경 엄마   혜경이를 그렇게 저기 한 거는 [부모라면] 보내면서 다 똑같을 거예요. 아이가 그 순간에 사라지면서부터 그런 마음이 들었을, 아이에 대한 그런 게 다 생겼을 텐데. 저는 혜경이를 보내놓고 집에 와서 삼우제 지내고 저희 어머님이 치우라고 그래서 다 치우…, 그렇게 웬만한 거 다 치우면서 있다가. 낮에 그 당시에는 초창기에는 회사도 출근 안 하고 있으니깐. 분위기라는 게 예전 그런 분위기는 돌아올 수가 없잖아요. 지금 같이 있던 아이가 없으니까. 그러니깐 침울한 그런 상태지. 그러니깐 제가, 일주일은 아이 보내놓고 엄마가 와서 계셨어요. 제 동생이 "언니, 엄마가 와서 좀 봐주라"고. 사실 엄마도 아프신데 일주일 동안 와서 계셨는데.

엄마 보내드리고 나서 어떻게 할 수가 없더라고. 그래서 제가 혜경이 방에 가서 쓰다가 말다 쓰다가 말다 그랬어요, 노트에다가. 내 마음 그때 그 심정을 쓰다 말다 쓰다 말다 조금씩 그러고 있었어요. 그 49재에 제 동생이 써보라고 그래서 마음잡고 쓰게 된 거지. 근데 저는 활동도 하게 됐으면 아마 했을 거예요, 다 열 일 제치고. 저도 그 엄마들 못지않게 모성애는 다 있죠. 근데 아빠가 "그냥 우리는 뒤에서 보조해 주면서 그렇게 활동하자, 앞에서 나서지는 말고" 그런 말들도 있고 그래서 그러다가. 동생이 그렇게 하면서 하여튼 저는 직장은 직장대로 다니고 간간이 "집회에 참석해 달라"는 그런 단톡이 오면 아빠는 저보다 더 열심히 다녔지. 아빠는 같이 직장 다니다가 중간에 몇 개월 다니고 그만두게 됐으니까. 아빠는 집에 계시니깐 아빠가 많이 다녔어요.

저는 직장 다니니깐 간간이 하고. 저는 내 나름대로 집회 활동을 안 하니깐, 참가를 안 하니깐 저 나름대로의 방법을 찾은 게, 돌파구가 그거지. 아이 생각이 안 날 수가 없지요. 당연히 나지. 아이에 대한 게 내가 살면서 생각이 안 났던 그런 부분도 불쑥불쑥 나오면 그런 거 써놓고, 미안해서 울고. 저는 오히려 그게 활동하시는 분들은 나름대로의 아이를 찾아가는 부분이 있겠지만, 저는 저나름대로 조용하게 혜경이를 마주하고 있는 게 그게 더 좋아요. 그래서 둘이 마주하고 있지만, 보이지는 않지만 그래도 실체는 없지만, 눈에는 다 있잖아요, 내 앞에. 그니깐 왔다 갔다 하는 모습, '만약에 애 있었으면 오늘 저녁에 이랬을 텐데'. 아빠가 화장실 가면 혜경이도 화장실 갈 때 저랬는데. 아빠가 속옷 벗어놓는 게 우리 혜경이랑 똑같아요. 그래서 제가 항상 그러거든요. "어쩌면 아빠랑 똑같냐"고. 지금도 그래요. 아빠가 벗어놓으면 그냥 혜경이가 벗어놓은 것 같고, 혜경이가 들어간 것 같고 그래요. 저는 그런 게 잠깐이지만 혜경이랑 같이 있다는…. 그래서 그냥 쓰고, 지금도 쓰고 있는 중이에요. 그렇게.

3

4·16 활동들에 대한 아쉬운 마음

면담자   혜경 어머님이 2반 어머님들에게 두루두루 좋은 언니 같은 모습으로 기억이 되는 것 같아요. 그래서 어떤 분들은 혜경 어머니가 좀 더 적극적으로 해주면 좋지 않았을까 하는 아쉬움이 있는 분들이 있는 듯하고요. 부모님들이 다 각자 의견들이 있으시겠죠. 그런 거에 대해서는 혹시 어머님의 상황을 이해받지 못해서 섭섭하다든지, 아니면 어떤 분들 중에는 남편이 좀 그러지 말라고 해도 심지어 남편분이랑 거의 갈라설 지경이 되더라도 "안 된다, 나는 활동하겠다. 이거 못 하게 할 거면 이혼할 각오해라" 이렇게 하시는 분들도 있거든요. 혹시 그런 고민은 없으셨어요?

혜경 엄마   고민은 없고, 아빠가 저를 잘 아니깐. 물불을 안 가리니깐. 남들은 그냥 보기에는 사람이 다 그렇잖아요. 나한테 건드리지만 않으면 다 순진해요. 그런데 누군가 나를, 내가 그러지 않았는데 그랬다고 건드리면 사람이 다 폭발하잖아요. 저도 똑같지요. 그러니깐 뭐, 그냥 이렇게 지내는 거는 똑같이, 다 똑같이 좋게 좋게 지내는데, 누군가가 아닌데 기라고 그러면서 건드리면 저도 그때부터는 그 사람을 좀 틀리게[다르게] 보거든요. 그리고 애기 아빠가 그래. "너무 야멸차게 잘라버린다"고 그래요. 그럼 제가 그래요, "아니, 내가 그러지를 않았는데 그랬다고 그러면 내가 그 사람 좋겠어? 안 좋지. 억울하잖아 내가. 나는 그 사람한테 그러지 않았는데". 그러면 애기 아빠가 "그래도 그렇지" 그러는데. 애기 아빠가 항상 그래요, "○○ 엄마는 너무 표시 나게…", 좋고 나쁜 게 딱 표시가 난대. 그니깐 애기 아빠가 저를 잘 아니깐, 앞에서 나서서 하면 물불 안 가리고 한다 이거야. 앞에 나가서도 문제고.

제가 사실은 삭발도 한다고 했더니, 딸이랑 둘이 말리면서 제발 그런 짓은 하지 말라고 그랬거든요. 저도 사실은 하고 싶었어요, 직장까지 다 때려치우고. '새끼 일인데 그 배 안에서 얼마나 그랬을까' 그 생각하면서 그랬는데. 아빠가 그냥 자기는 "○○ 엄마[는] 뒤에서 보조해 주는 사람이었으면 좋겠다. 그리고 ○○ 엄마[가] 앞에서 나서서 하는 일이 ○○ 엄마가 하는 대로 다 따라오면 좋아. 근데 그렇지 않은 사람이 많아. 형제도 그러는데 유가족은 다 남이다. 생판 처음 보는 사람들인데, 똑같이 아이 아프게 잃었는데 그 안에서 의견이 그렇게 돼가지고 마음 다치는 일이 또 있을 수 있다. 그러니깐 ○○ 엄마는 그냥 보조만 했음 좋겠다. 뒤에서". 그래서 안 했어요.

면담자　　　그때 만약에 하셨으면 지금 가협 간부 같은 것도 하고 계셨을 수도 있겠네요.

혜경 엄마　　　지금 재욱이 엄마처럼 끝까지 하고 있을 거예요.

면담자　　　재욱 엄마가 심리생계분과장이시죠? 재욱이가 8반인가요?

혜경 엄마　　　네. 재욱 엄마도 그때 그 효자동 거기 청와대 앞에서 할 때 밤샐 때 뭐라고 쫑알쫑알 많이 하더라고 그 앞에서.

면담자   그쵸. 재욱 엄마는 초기부터 굉장히, 팽목항에서부터 열심히 하셨었죠.

혜경 엄마   쫑알쫑알 막 하더라고요. 그래서 내가 '그런 엄마들이, 처음부터 열성적인 엄마들이 끝까지 남는구나. 중간에 몇 분들은 바뀌었지만'. 그래서 아마 저도 했으면 끝까지는 했을 거예요. 끝까지 나갈 거예요. 그런데 아빠는 그런 부분이 좀 있는 것 같더라고요. 〈비공개〉 그냥 "알게 모르게 그런 게 있지 않냐" 그러는 거야. "뒤에서 보조만 해라". 그런데 사실 우리 반 활동을 너무 안 해요, 초창기에만 그랬지.

〈비공개〉

면담자   가협에서 생명안전공원 부지를 확보하려는 노력을 계속해 왔잖아요. 그때에는 어머님은 찬성하시는 입장이셨어요, 아니면 '아니다, 우리 여기 말고 딴 데를 하자'는 입장이셨어요?

혜경 엄마   처음에는 여기는 생각하지도 못했지. 다들, 딴 데만 다들 했었지. 그러다 나중에 여기가 나와서 엄마들이 "괜찮네" 해서 그렇게 하고. 저도 오히려 여기 넓은 데 있는 게, 대기실을 쭉 왔다 갔다 하다 보니깐. 와서 아이 영정 거기 가서 보고 그럴 때 보면, 정말 평일인데, 제가 회사에서 퇴근하면서 들렀다 오고 그러면 평일인데, 엄마가 요만한 아이를 데리고 놀러 왔다가 거기를 들어와서 아이랑 같이 국화꽃 놓고 그런 걸 봤어요. 그런 걸 보고 제가 느낀 게 오히려 여기가, 내가 걱정하는 부분이 조금은 있지만 '여기다 하면, 여기다 하기를 정말 잘했다' 그런 생각을 했어요. 저렇게 엄마가 아무 거리낌 없이 아이랑 놀다가 여기 들어와서 저렇게 하고 가는데, 그거를 정말 잘해놓는다면 그냥 놀다가도 와서 자연스럽게, 조그만 아이들에게 자연스럽게 어려서부터. 예전에는 진짜 죽은 사람하면 섬뜩하는 그런 관념이 보통 많잖아요. 그리고 묘지 같은 그런 것도 가지고 있으면. 그런데 그거를 해놓으면, 추모공원을 정말 잘해놓으면 정말 어릴 때부터 죽은 사람도 산 사람이랑 같이 이렇게 쉽게 접할 수 있다는 거. 그다음에 '사람은 죽으면 이렇게 된다는 거를 아예 어려서부터 인지할 수 있게끔 그렇게 될 수 있어서 좋겠다'는 그런 생각을 했거든요. 그래서 좋아요.

〈비공개〉

면담자　　　온마음센터는 가셨어요?

혜경 엄마　　거기도 한 번도 안 갔어요. 〈비공개〉

면담자　　　그러실 수 있죠. 내 딸은 저렇게 힘들게 갔는데 내가 여기서 뭐 치료받겠다고.

혜경 엄마　　네. 그냥 그 물속에서 허우적거리는 거. 제가 그런 글도 쓴 게 있는데, 회사에 가다가 보면 심한 악취 냄새가 나는 구간이 있어요. 기껏해야 한 30초 정도 숨을 안 쉬고 가거든요. 근데 그 30초를 안 쉬는 게 참 힘들더라고요. 그거 숨 안 쉬고 30초 지나 갈 때 혜경이가 많이…, '물속에서 이랬겠지' 그런 생각을 해요. 그니깐 모든 거는 다, 모든 일상이 그날 이후로 혜경이랑 연관 지어서 있는데, 내가 온마음센터에 가서 안마를 받고 뭘 [하는 게] 저한테는 그게 치유가 아니에요. 〈비공개〉

면담자   부모님들의 미안한 마음이 계속 힘들게 하는 것 같아요. 부모님들이 엄마로서 아빠로서 감정이 없어서 그런 건 아니고. (혜경 엄마 : 그런 건 아니지) 그분들도 견디기 힘들게 아플 수도 있고. (혜경 엄마 : 그죠. 다 각자 틀리니깐) 도움이 필요하신 분일수도 있기는 한데, 또 어머님처럼 생각이 들 수도 있을 것 같아요.

〈비공개〉

4
도보 행진

면담자   진상 규명을 위한 특별법을 제정하자고 2014년 5월 말부터 서명도 받기 시작하셨어요. 당시에 특별법을 제정하는 해결 방식에 대해서 어떻게 생각하셨나요?

혜경 엄마   그냥…, 일단은 저는 집행부에서 하라는 대로 그렇게 보조 역할만 뒤에서 하는 거였는데. 사실은 특별법에 관한 것도 법 자체[에 대한] 쭉 유인물을 보면, 솔직히 말해서 엄마, 아빠들이 그거를 한 번에 이해하는 사람은 없어요, 법령 문구에 대해서. 그래서 아마 전부 다들 그렇게 파고들어서 읽거나 그런 사람은 없을 것 같아요. 저도 몇 번을 읽어도 그게 머릿속에 안 들어오니깐, 우리 일인데도 좀 그렇더라고. 근데 어쨌거나 아이들을 위해서 특별법을 한다고 그러니깐, 그냥 뭐 만들어서 한다니깐 좋긴 좋았는데. 사실은 그 특별법 만드는 것에 대해서는 그다지 내 생각대로 싫고 그런 거는 없었는데, 지금 문득 생각난 게 그거예요. 그 특별법을 제정할 때 여야가 같이했을 거 아니에요.

근데 제가 인터넷 기사, 우리 딸이 "엄마, 그런 거 보지 마" 그랬는데, 인터넷 기사에 떠돈 게 누리당[새누리당]에서 지네가 먼저 터트려 놨잖아요. 무슨 뭐를 어떻게 해가지고, 진짜 무슨 뭐 생존자들한테 대학 특례니 뭐 그런 거, 얼토당토않게. 그래서 '꼭 이렇게까지 이용을 해야 되나' 그런 게 가장 실망을 했었어요. 그래서 어차피 특별법도 지네들이 하자고 해서 한 거 아닌가. "지네들이 하자고 해서 한 거 아닌가" 내가 그랬어요. 그거 다 사고 나고 와스타디움에 있을 때 각 부처별로 다 와가지고, 정부에 있는 사람들이 와서 지네들이 "어떻게 하겠습니다, 어떻게 하겠습니다", 응? 그렇게 해놓고는 그거를 마치 우리가 요구한 것처럼 그렇게 새누리당이 언론에 타게 했을 때, 그래서 내가 "아유 참… 똑같은 자식 있는 것들이 우리를 진짜 아프게 해도 너무 아프게 하는구나". 제가 그래 가지고 음…, 그거에 많이 실망했어요, 사실은. [특별법 제정]한다는 것에 대해서는 별다른 저기 안 했는데. 그래서 조금 더 오기로, 오히려 그렇게 할 때 오기로 '더 제대로 된 특별법이 제정이 됐으면…' 그런 생각을 가졌지요.

면담자   특별법 제정 운동을 했을 때 가족분들이 내거신 구호가 세 가지였어요. "진상 규명, 책임자 처벌, 안전사회 건설"이었잖아요. "진상을 규명하고 책임자를 처벌해야 된다"라는 것에 대해서는 어머님도 동의하시나요?

혜경 엄마   지금도 동의하죠. 왜냐면 가면 갈수록, 지금 이렇게 1기 특조위 나왔을 때까지의 그걸 보면 너무 허무맹랑하니깐. 너무 '그토록 그렇게까지 해야만 [할] 이유가 있었나' 할 정도의 그런 생각이 드니깐. 그니깐 진상이 규명되면 책임자도 처벌해야지. 〈비공개〉 그 아이들을 생각을 하면 그냥 그런 마음인데…….. 그래서 저는 처벌은 있어야 한다고 생각해요, 책임자는. 그게 박근혜가 되든 누가 되든….

〈비공개〉

면담자   안산-광화문 도보 행진 이야기로 가볼게요. 그게 한여름이었는데 기억나세요?

혜경 엄마   그럼요(웃음).

면담자   그때 2반 분들도 같이 참여하셨어요?

혜경 엄마   2반도 그때는 같이 많이 갔죠, 초창기니깐. 아마 그때 그거 하고… 그때 많이 갔어요, 초창기니깐. 근데 뭐 안 온 사람도 있고, 중간에 힘들다고 다리 아프다고 빠진 사람도 있고 그러는데. 그냥… 우리 아이… 다른 것도 아니고 그냥 걷는 거니깐, 걸어서 가는 일이니깐 쉬우니깐. 저는 사실은 걷는 거는 힘들지 않아요. 걷고 뭐 하고 그러는 거는 힘들지 않은데, 사실은 아빠가 조금 걱정이 됐어요. 아빠가 발이… 좀 안 좋거든요, 다리가. 그리고 성한 다리도 발목이 좀 안 좋아요. 그래서 아빠를 좀 걱정했는데 의외로 아빠가 내색 안 하고 그냥 하더라고요. 나보고 "괜찮냐"고 그러는데, 나는 오히려 아빠가 걱정인데. 근데 가면서 시민분들도 있고, 그냥 개인적으로 우연찮게 서울로 이사 가서, 주위에 컴퓨터 때문에 안 집인데, 그분이 우연찮게 세월호에 엄청 열심인 사람이더라고요. 자료도 개인적으로 그렇게 저기[수집] 하고 그러는 사람이더라고요. 젊은 사람인데 근데 그 사람도 걸었다고 했나 그러더라고요. 그러니깐 이게 꼭 시민단체에 계신 분이 아닌 개인적으로 걸으신 분들도 있는 것 같더라고요.

그래서 가면서 그냥 힘들다는 생각은 안 해요. 항상 '어떤 것보다도 그게 힘들까' 그 생각이 있기 때문에. "혜경이보다는 덜 힘들지" 항상 그래요, 애기 아빠한데도. "혜경이보다는 덜 힘들어" 항상 그러거든요. 힘들고 그런 건 없는데 걸으면서 시민분들이 같이해 주시고 옆에서 걸어주시고 그럴 때 그런 생각은 많이 해요. '나도 이다음에 직장을 그만두게 되면 봉사라는 거를 해야겠다' 그런 생각을 그때 많이 가졌어요. '그게 내가 그런 시민단체가 아니어도 봉사라는 거를 조금 해야 되겠다'.

면담자   내가 아파 보니까 나도 다른 사람의 아픔에 대해서
참여하는 사람이어야겠다는 경험을 하신 거네요.

혜경 엄마   네. 그런 거를 느꼈어요. 그래서 도보는 뭐 그냥…
걷는 거 외에는 없으니깐 도보는 끝까지 했는데 어떤 분은 그냥 하
루만 하고 마신 분들도 있어요. 저희는 아빠랑 둘이서 끝까지 했어
요. 끝까지 하고… 모르겠어요. 이런 일로, 우리 아이 일로 이렇게
많이 도와주시고 그러는 거를 봐서 아빠랑은 가끔가다 그런 얘기
는 해요. "우리도 나중에 봉사는 꼭 해봐야지". 아빠도 그런 생각
가지고 있어요.

면담자   사건이 있기 전에도 뉴스를 보면 학생들이 캠프에
가서 사고를 당하기도 하고 (혜경 엄마 : 네, 씨랜드[1999년 경기도 화
성 씨랜드 청소년수련원에서 발생한 화재로 일어난 참사] 그런) 그 전에
대구 지하철 참사[2003년 대구 중앙로역에서 발생한 화재로 일어난 참
사]도 있고요. 그런 사건 이후에도 서명하러 다니고 이런 사람들이
있잖아요. 그런 분들에 대해서 이전에는 어떻게 생각을 하셨나요?

혜경 엄마   일단 그런 게 기사에 나오고 TV에 나오면 그냥…,
그냥 하는 말로, 아무 감정 없이 "어, 어떡해…" 이거였지. 그리고
서명 그런 거는 받아본 적이 없으니깐. '내가 만약에 하라고 했으면
했을까?' 그런 생각은, '했을까?' 그런 생각은 드는데. "어떡해…" 그
냥 그 말만 내뱉었지, 아무 감정 없이. 그런데 내가 닥치니깐. 그런
일이 있고 아이가 교통사고로 어디 가다가, 벌초 가다가 아이랑 아

빠가 죽었다고 하면, 어른보다도 아이만 나오면, 내가 "저 엄마 어떻게 해……" 그러면서 내 가슴에서, (면담자 : 이렇게 조여오는 듯한) 네. 그게 느껴져요. '그 엄마가 나 같겠지, 지금'. 그게 이제 그냥 느껴지는 거야, 내 일처럼….

면담자   뉴스 기사나 그런 걸 보면 그 아이를 잃은 엄마의 마음으로 이렇게….

혜경 엄마   네, 네. 그렇게 같이 가요. 그러니깐 제가 6월 달에 이한열 열사 사진이 나왔을 때 '이한열 열사 엄마가 저걸 보면 얼마나 아플까'. 아…, 그러니깐 제가 막 눈물이 나오더라고요. 그 엄마 심정을 내가 아니깐. 그리고 다른 건 모르겠는데 TV에서 아이들이 죽는 화면이 드라마라도 그런 게 나오면…. 〈비공개〉 저는 드라마를 안 보거든요. 근데 우리 딸이 직장을 다니니깐 그 시간에 못 보니깐 핸드폰으로 봐요. 근데 우리 딸이 한 날 뭐 하다가 "엄마 한번 봐, 재밌대. 나도 핸드폰으로 봤다"고 그러더라고요. 그래서 멍하니 앉아서 보고 있으니깐 거기 드라마에서 외국 애가, 송중기가 외국에 있는 거였는데. 어떤 애가 배고프니깐 뭘 먹고 그게 독 중독이 되어서 쓰러지는 건데, 죽는 것처럼, 제가 그거를 보면서 막 울었어요. 나도 모르게 막 눈물이 나오는 거야.

면담자   아이가 음식을 받아먹는데 왜 중독된 거죠?

혜경 엄마   그게 뭐 독 같은, 납 중독인지 뭔지 그래서 애가 쓰러진 거야.

면담자　　몇 살 정도 되는 아이인데요?

혜경 엄마　　음…, 초등학교 고학년? 우리나라 나이 치면 열 몇 살 정도 되는 아인 거야, 외국 아이가. 저는 그걸 보면서 눈물이 그냥 막 나오는 거야. 〈비공개〉 그래서 저는 아이들, 외국 아이인데도 눈물이 나와요, 자식에 대한 그런 게 있으면. 그니깐 변한 게, 그런 것도 변하게 되더라고요.

〈비공개〉

5
단원고 교실 존치 문제

혜경 엄마　　나는 그래서 우리 큰애한테 조금 미안한 게, 뭐 하다 얘기 꺼내다 "야, 그때 혜경이는 이랬지" 이런 말이 그냥 자연적으로 나오고 그러니깐. 그래서 사실은 큰애한테 미안한데, 오히려 그런 부분이 많아요. 저희는 그 사고 이후에 오히려 혜경이…, 아빠가 그게 있었어요. 국회에서 뭐 하면서 배를, 종이배를 접은 게 있는데 아빠가 거기다 그렇게 썼어요. "우리는 항상 네 식구, 우리 가족은 네 식구, 넷" 그렇게 쓴 게 있거든요. 그니깐 그냥 늘 뭐 얘기하다가 "어, 그때 혜경이는 이랬는데" 이런 얘기가 스스럼없이 나오고, 우리 큰애도 그렇게 컵을 네 개 놓듯이. 그러니깐 그게 감추지 못할 부분들이라고 저는 다 생각해요. 내가 얘기하는 부분도 그냥 늘상 같이, 지금 옆에 있는 걸로 생각하니깐 "혜경이는 이랬는데" 그러고. 큰애도 그런 행동을 했다는 거는 그게 몸에 배어서, 넷이 있었던 게. 그래서 저는 변한 거는 그냥 "혜경이는 이랬는데" 하고 뭐를 하면 꼭 같이 갖다가 엮어서 말하는 거.

면담자   혜경이가 어디 유학 가 있는 상황같이 느껴지세요?

혜경 엄마   근데 나는 그거는 또 거짓말인 것 같아서 그거는 좀 안 되더라고요. 그래서 오히려 누가 그러면 그냥 그래요. (노란 팔찌를 보여주며) 저 이거라고. 그렇게 얘기해서 "미안하다"고 그러면 "아니에요, 미안해하지 마세요" 그냥 이렇게 얘기하거든요. 그냥 사실은 사실대로 저는 그렇게 얘기하고 싶어요. 그래서 모르고 있던 부분을 그 사람이 다시 한번 재조명해서 볼 수도 있는 그런 부분이 있으니깐, 그래서 저는 그냥 솔직하게 얘기해요.

〈비공개〉

면담자   맞아요. 혜경이가 들을지 모르니깐. 흉보고 그러면 안 돼요(같이 웃음).

혜경 엄마   그래서 내가 아유…, 내가 우리 혜경이 흉보고 그럴 거는 없어. 흉본다 그러면 치마 타이트하게 줄여 입고 그런 거.

면담자   그게 어때요, 젊을 때 그렇게 해보는 거지(웃음).

혜경 엄마   근데 그냥… 내가 그래요, 마음으로 맨날. '엄마가 한두 번 야단친 거 용서해 줘. 내가 꼭 엄마가 나중에', 사진 만지면서

'나중에 꼭 만나자. 엄마가 꼭 찾아갈게. 찾아가서 엄마가 그때 야단친 거, 한두 번 야단친 거 엄마가 꼭 미안하다 그럴게'.

면담자　　　지금 생각하면 치마를 그렇게 하는 게 또 뭐가 그렇게 큰 거였다고 말이죠.

혜경 엄마　　　우리는 그런 거에 대해서는 터치[제지] 안 했어요. 〈비공개〉 그래서 내가 그러지. "시대에 맞게 그냥 흐르는 대로 놔두지" 저는 그러거든요. "그거 하지 말란다고 안 하겠냐고. 뒤에서 다 하지. 근데 요즘 시대는 그런 걸 다 하잖아" 저는 그랬거든요. 근데 우리는 그거에 대해서는 진짜 터치를 안 했어요. 아빠도 그러고 나도 그러고 그냥 내버려 뒀지. 저는 그랬어요, "안 하고 다니면 찐따 당한다"고(웃음).

면담자　　　그러게요. 이제 2015년으로 갈게요. 부모님들이 2014년 그 당시 진도에서나 활동하셨던 기억들은 다들 잊지를 못하세요. 그런데 그 이후의 기억은 아무래도 좀 옅어지셨을 거예요.

혜경 엄마　　　그리고 또 앞에서 활동하신 분들은, 강력하게 그렇게 하신 분들은 안 잊어먹지. 근데 직장생활 하면서, 사람들은 앞에 나가서 활동한 그런 거 한 거보다는… 모르겠어요. 저는 그런 거보다는 혜경이에 대한 그런 거를 더 끌어내고 그래 가지고 사실은 그런 거는[활동에 대한 기억은] 더 묻혀지는 거 같애.

면담자　　　맞아요, 그럴 수 있을 것 같아요. 어쨌든 활동에 대한 이야기도 기억나시는 대로 이야기를 해주시면 가족들이 얼마나 애써서 노력들을 해왔는지 다 역사적인 기록으로 남게 될 거예요. 또 이 기록으로 진짜 가족들이 원하는 대로 안전사회를 건설하고 책임자를 제대로 처벌할 때 간접적으로 기여를 할 수 있거든요. 그래서 어떤 과정들을 어떻게 겪어왔는지 기억을 들려주시면 도움이 될 것 같아요. 2015년 10월 단원고 교실 존치 활동 시기에 대해서 이야기를 해볼게요. 단원고에 교실을 존치하는 안에 대해서 어떻게 생각하셨어요?

혜경 엄마　　저는 그때 누구 엄마랑 그런 얘기는 한 번 한 적이 있었어요. 어차피 그 교실은 사용을 안 하는 교실이에요. 근데 재학생 학부모들도… 자기네 일이 아니니깐 그렇게 얘기를 하지. 근데 저는 그냥 오히려 학교에다 [교실 존치를] 좀 해놨으면 그런 바램이 조금 커요. 왜냐면 그대로 거기에, 그러면 굳이 떼지 않아도 그때 그 상황 그대로 사람들이 해놨던 거, 손때 그대로 묻잖아요, 떼지 않아도. 근데 그거를 그렇게… 대치하면서 싸우게끔, 재학생 부모랑. 학교가, 학교가 적극적으로 [교실 존치를] 해줘야 하는데. 왜냐하면 자기네 학교에 250명 아이들이 한 번에 그런 거예요. 그러면 자기가 그 당시에 그 학교에 있지 않았었다고 그래도 어쨌거나 교육자의 입장이 있는 거잖아요. 그리고 자기도, 본인도 자식을 키우는 입장이고, 그러면 저는 그래요. 똑같은 부모 입장이 될 수도 있으면서 학교에서 그 당시에 같이 있었을 선생님이 될 수도 있단 말이에요. 그러면 학교라는 것에 대해서 학생들 입장은 어느 정도라는 거를 알 거 아니에요. 아이들이 학교에 왔을 때는 학교가 최고잖아요. 선생님들도 좋아하는 입장에 있는 위치고 그러니깐. 그니깐 저는 그대로 그 상태로 아이들이 다녔던 그 길목 그대로 학교에 있는 거를 원했는데, 학교에서는 그 중간 역할을 못 하는 게 정말 밉더라고요.

면담자   결국은 교실을 빼기로 했죠. 이 문제로 그 당시에 많은 가족분들이 가협 집행부에 대해서 반대하는 상황들도 벌어졌죠. 기억하실지요?

혜경 엄마   그건… 그런 거는 잘 모르고. 저는 밴드에서 "지금 학교에서 이런 상황이다" 그러면 그래서 가고 그런 것들.

면담자   네. 그때 단원고에 부모님들이 계속 계셨죠.

혜경 엄마   네. 그래서 회사에서 중간에 나와서 바로 가기도 하고 "상황이 이렇다. 좀 급박한 거 같다" 그러면 가고 그랬지. 집행부랑 유가족이랑 그런 거는….

면담자   그 당시에 어머님 생각에는 학교가 좀 더 잘했으면 (혜경 엄마 : 네, 잘했으면) 교실을 그대로 유지할 수 있었다는 거죠. 사실 그때 건너편에 교실을 새로 증축을 하자는 얘기도 있었는데, 그렇게 했으면 좋았을 것 같으세요?

혜경 엄마   근데 그때 당시에 충분히 다른 곳에 할 수도 있다고, 그런 얘기도 있었어요. 그러면 그대로 놔둘 수 있었죠. 왜냐면 교수님이 말씀하신 것처럼 몇십 년 후에도 이게…, 어쨌거나 저쨌거나 다른 일도 아니고 그냥 안 구한 거잖아요. 내가 아는 동료가 마사회에 광명으로 갔는데, 그이가 내 카톡을 보고 그걸 [유가족임을] 알더니 밥을 먹다가 우는 거야. "언니, 미안해" 이러면서. 그이는 아이가 중학교 2학년짜린데 "언니, 미안해" 이래. 그래서 "아니야" 그랬더니 울면서 미안하다고. 그러면서 그이가 그러더라고, 첫마디가. 그러면서 나중에 하는 말이 "안 구한 거잖아" 이렇게 얘기를 하더라고요. 그니깐 물론 다른 나쁜 쪽으로 얘기하는 사람들은 그냥 뭐… 흔히 뭐 새누리당 사람들이 하는 것처럼 수학여행 가다가 그런[사고 난] 걸로. 그럼 나는 그래. "수학여행 가다가 그런 거면". 〈비공개〉 난 가끔가다 불뚝불뚝 막 나오는 거야, 그런 게. 아이만 생각하면. 그리고 극소수지만 이렇게 일하면서 "언니, 안 구한 거잖아, 일부러" 이렇게 말하는 사람이 있으면 그럼 조금 힘이 나요, 그런 사람이 있으면.

그니깐 나는 그냥 그대로 놔둬서 나중에라도 뭐가 어떻게 되어서 하면, 그 교실 그대로 아이들[이] 숨소리 있던 그대로, 와서 사람들이 한 번쯤 보고 갈 수 있잖아요. 그러면 학교도 어쨌거나 저쨌거나 학교 이름이 나오는 거잖아요. 그건 그렇다 치고, 그럼 그거를 떠나서 일단은 원래 있던 자리에 그대로 있는 게 저는 좋다고 생각을 하거든요. 그리고 어차피 거기는 사용도 안 할 거고. 그다음에 이 학교가 폐교하지 않는 이상은 재학생이 계속 들어오면 재학생 애들이 '우리 선배들이 이런 일로 인해서 이렇게 수학여행 가다가 이렇게 억울하게 갔구나' 하는 그런 산 교육장이 될 수 있다고 저는 그렇게 생각을 하거든요. 그래서 저는 그렇게 빼가지고 하는 것보다는 학교에 좀 놔뒀으면, 그게 좀 바램이었어요. 어차피 그리고 학교에다가도 추모 조형물 같은 것도 해놓고 그러니깐. 그러면 어느 정도 매치[조화]가 되잖아요. 그래서 저는 그게 좀 서운해요.

면담자 그러니까요. 저도 사실 어머님하고 생각이 같아요. 이 문제는 저도 참 마음이 아픈 부분인데, 많은 사람들이 그렇게 생각을 안 하더라고요.

〈비공개〉

6
세월호 인양 이후 혜경이 유품 인수

혜경 엄마 저도… 사실은 혜경이가 몸만 왔지. 저는 사실은 캐리어 같은 거는 관심이 없었어요. 왜냐면 혜경이만 왔으면 됐으니깐. 혜경이가 그래도 상처 없이 어디 저기[상한 데] 없이 일찍 와줘서, 이쁘게 하고 와줘서…. 그래도 그냥 내 동생이 "언니, 이쁘게 왔으니깐 그냥 그래도 조금 마음을 [위안을] 갖자"고. 그러는데 그게 쉽나. 그래도 한편으로는 그런 말 한 거를 생각을 하면서 있다가.

작년에 배가 올라오고 나서 계속 유류품이 나오면서 밴드에 그게 떴어요, 유류품 사진 찍은 목록들이. 근데 작년에 우리 큰

혜경 엄마 유인애

애…, 한 5월… 5월 20일 넘어서였는데, 내가 이렇게 밴드를 올라
온 목록을 보는데, 어디서 많이 보던, 딱 하나가 눈에 낯이 익는 거
야. 그래서 '이게 뭐지?' 그리고 봤더니 캐리어도 내가 봤던 색깔 같
고, 그리고 동전 지갑 같은 거를 이렇게 봤는데 그게 꼭 어디서 많
이 봤던 거야. 근데 목록을 쭉 나열을 한 거야, 아주 수십 가지를
사진으로 다 올리고, 목록을. 근데 목록을 보다가 사진을 이렇게
봤더니, 애기 아빠가 다니던 회사에서 애기 아빠가 상대 업체에서
받은 수건이, 우리가 수건이 세트가 한 네 갠가 세트로 있는데 그
회사 이름이 있는 거야. 그래서 '어머, 이거 우리 거네' 그래 놓고.
목록을 보면서 다른 거 물품을 보는데 수건이 거기 회사 이름이야.
그리고 동전 지갑이 사실은 제 눈에 확, '어디서 많이 보던 건데' 그
리고 쭉 보니깐 파우치도 많이 눈에 익고. 그랬더니 보니깐 그 수
건도 그래서 '이거 우리 거네' 그래 놓고는 그 사진을 찍어서 우리
셋 톡에 올렸지. 우리 큰딸이 "엄마, 혜경이 거야. 이거 옷도 혜경
이 거고 다 혜경이 거"라고 그러더라고요. 그리고 아빠는 수건 보
고 회사 이름 보고, "혜경이 거다. 우리 거 맞다"고 그러는 거야.

면담자   그게 언제였나요?

혜경 엄마   그게, 나온 목록 일자를… 제가 거의 매일매일 빠지
지 않고 회사에서 봤거든요, 그 사이트에 들어가서. 근데 그날은
매일매일 봤는데 없었어요. 근데 그 이후에 목록 작성한 날짜랑 띄
운 날짜랑 틀리지. 근데 20일 넘어서 그걸 봤거든요. 근데 목록…

유류품 수거한 날은 5월 □일이더라고. 그래서 우리 큰애가 "엄마 내 생일날에 올라왔네" 그러더라고. 그래 가지고 그거를. 제가 5월 말일경에 왔어요. 아빠랑 새벽에 갔지. 가서 가지고 와서.

면담자 　　　　어디로 가서 가져오셨나요?

혜경 엄마 　　　목포 신항 가서 가져왔는데, 집에 일주일 놔뒀었어요. 사실은 제가 집에서 다….

면담자 　　　　기본 처리를 한 것을 가져오신 건가요?

혜경 엄마 　　　거기서 일단 닦고, 애벌해서 해놓은 거를 가져온 거지. 그래서 가져와서 사실은 제가 집에서 그걸 처리를, 닦고 뭐 하고 냄새 제거를 좀 하려고 했는데 못 하겠더라고.

면담자 　　　　그걸 집에서 그냥 하기는 힘들죠.

혜경 엄마 　　　아니, 제가 딴 거는 몰라도 큰 거는, 욕조가 있으면 모르겠는데 욕조를 아예 없앴거든요. 그래서 세숫대야에다 일단 파우치를. 화장품 용기가 조그마니깐 그것만 먼저 하려고 했는데, 냄새가… 장난이 아니야. 애벌했는데도, 물을 담가놨는데도 엄청 심하더라고. 그게 그래 가지고 그 문을 환기를 시켜도 문을 열고 있어도 안 빠지더라고, 그게 화장실 안이니깐. 그래서 일주일 동안 그냥 놔뒀어. 그래도 지나면 괜찮겠지 하고.

면담자 　　　　"어떻게 해야 하냐"고 물어보거나 그런 거는 없고요?

혜경 엄마 　　　그런 거는 없고. 사실은 저희 밴드에 도언 엄마가 방법을 올리기는 했었어요.

면담자   가져갈 사람은 가져가라고 하면서 처리 방법을….

혜경 엄마   네, 방법을. 근데 아유… 못 하겠더라고요. 근데 일주일 지나 어쨌거나 일주일은 그냥 놔뒀는데도 안 되더라고, 물에. 그걸 락스에 하자니, 락스에 하면 기본적인 그게 그러니깐. 그래서 일단 내용물만 제가 화장품 내용물만 이렇게 타서 그냥 버렸어요, 그냥 버리고 케이스만. 동전이랑 동전 지갑이랑 지폐는 햇볕에다가 그냥 말리고. 그러는데 안 되더라고. 그래서 그때 가족협의회에서 별도로 그거 보관한다고 그래 가지고 가져오라고 그러더라고요. 근데 대신 가져오는데 그것도 지금, 그거[염분] 제거하는 게 밀려 있대요. 그래서 지금 이거를 어떻게 해야 될지 모른다고, 그래도 그냥 가져오라고 그래서 그대로 가지고 갔는데. 다행히… 모르겠어요. 그게 정말 밀린 건지 아니면 우리 거를 먼저 하려고 했는지를 모르는데, 혜경이 거를 다 했어요. 저기 혜선 엄마가 그거 작업하는 걸 밴드에 또 올리고 그랬더라고. (면담자: 그분들 엄청 고생하셨어요) 미안하더라고, 그 뜨거운 여름에. 그래서 수박 두 통 사다가 줬거든요, 미안하다고.

면담자   제가 보존 작업에 대한 구술을 받았거든요. 좁은 컨테이너에서 너무 힘드셨다고. 그래서 집에 가지고 가셨나요?

혜경 엄마   아니요. 그냥.

면담자   거기 기록 보관하는 데다가?

혜경 엄마   거기다가 놔둬도 된다고 그랬지.

면담자   집에 보관하는 게 아니라 맡기셨구나. 기억저장소에
서 또 관리를 하니까요.

혜경 엄마   그리고 또 집에 가져오면…, 모르겠어요. 예전에 배
냇저고리 그런 거는 내가 가지고 있던 거라서 그러는데, 이거는 일
단 또 거기 안에 있다가 이런 과정을 거치니까, 내가 보관하면 어
떻게 될 수도 있고 그래서 그냥 거기서 그대로 보관하는 게 좋겠다
싶더라고.

면담자   전에도 유류품은 나왔잖아요. 그런 건 어디 있어요?

혜경 엄마   그것도 그냥 거기서 어떻게 하지 않았을까 싶어요.

면담자   다 맡기셨구나.

혜경 엄마   그냥 거기다가. 그리고 나중에 그게 전시도 또 할 수
도 있을 것 같고 그래서, 저는 그냥 기억저장소에다 놔두라고 그랬
지. 다른 건 몰라도.

면담자   그렇죠. 아무래도 그걸 전문적으로 관리하시는 분이
더 잘하실 거예요. 근데 너무 많아 가지고 그 일도 되게 힘드신 것
같더라고요.

혜경 엄마   그니깐. 그런 것도 좀 걱정은 걱정이지….

면담자   그죠. 그리고 그나마 아이의 물건이라고 알아보고 관심을 가지신 분들이면 다행인데, 아닌 분들도 많이 있으니깐.

혜경 엄마   안 가져가는 사람들도 있을 거예요.

면담자   그죠. 그러니깐 관리하시는 분들도 나름대로 힘이 드시겠죠. 여기서 좀 쉬었다 다시 진행하겠습니다.

7
촛불집회와 대통령 탄핵

면담자   저희가 잠깐 쉬는 동안에 국정 농단 이야기를 하게 됐는데, 2016년이 가족분들, 특히 가협 입장에서는 여러 가지로 난감하고 절망적인 상황이었어요. 특히 특조위 관련해서 기간에 대한 논쟁들이 터무니없게 있으면서 특조위가 거의 진행되지 못했어요. 물론 처음 검찰 조사부터 엉망진창으로 대충 되는 거였었지만 특조위도 그렇게 되고, 배 인양에 대해서도 한도 끝도 없이 미루어졌죠. 하겠다고 약속한 지가 언젠데 2015년 언제부터 대통령이 공표하고 그랬는데 그것도 계속 미뤄지고 있었고. 이러한 상황이었는데 그때 최순실 관련된 문제가 터져 나오고 국민들이 '정말 우리나라가 문제가 있구나' 이런 걸 다시 생각하게 된 계기가 되면서 어떤 면에서는 가족분들한테는 불씨가 살아나는 효과가 있었던 것 같아요. 그 당시에 그 최순실 관련된 국정 농단이나 그러한 상황을 보시면서 어머님께선 어떠한 생각이 드셨는지, 그리고 촛불집회에 참석하셨다면 거기서 경험했던 것들을 기억나는 대로 말씀해 주시면 좋을 것 같아요.

혜경 엄마　　국정 농단에 대한 그런 거는, 저희는 사실 그날 저녁에는 몰랐어요, 애기 아빠도 그렇고. 근데 그다음 날 회사에 가서 있는데 인터넷 검색어에 그런 게 막 떠서 '도대체 이게 뭐야?' 했더니 그게 벌써 전날에 이뤄졌던 뉴스에 나온 거야, JTBC에서. '우리만 안 본 거야' 그러고 있었거든요. 사실은 JTBC를 안 본 거였지. 근데 아빠한테 톡을 해서 "최순실이가 대통령이었네" 그런 거를 했더니, 애기 아빠가 "그러네. 근데 왜 우리는 뉴스를 안 봤지?" 그랬거든요. 그래서 그런 기사를 계속 보면서 '세상에 이럴 수도 있구나'. 그 전에 최순실이 아버지 최태민에 대한 그런 것도 다 나와서 기사가 그런 걸로 많이 도배가 됐잖아요. 〈비공개〉 그래 가지고 애기 아빠랑 "이건 진짜 대단한 일이다, 어떻게 저렇게 방송에서 알고 터트렸을까?" 그랬는데. 그런 방송을 계속 접하면서 촛불집회가 진행되면서, 저는 사실은 두어 번 갔어요. 근데 아빠는 계속 쉬는 날은 갔죠.

면담자　　가실 때는 혼자 가시나요?

혜경 엄마　　혼자. 왜냐면 저희 유가족도 가지, 당연히. 당연히 가는데 만날 수가 없어. 아빠는 그냥 먼저 혼자 가요. 근데 워낙 군중이 많으니깐, 가서 거기 찾아가기도 힘들고 아빠는 그냥 가서 일

반인들이랑 같이 섞여서 혼자 그렇게 해서 가고. 근데 한번은 저랑 갔을 때는 마지막까지 해서 거기 종각까지 가가지고 그거 하는 거 보고 그랬거든요. 근데 정말 가만히 있어도 밀려서 저절로 가고, 저는 워낙 추위를 잘 타는데 하나도 안 춥더라고요. 애기 아빠가 그러더라고요. "오늘 엄청 추웠는데 괜찮아? 일하고 왔을 때?" 그러면 "안 춥다" 그러더라고요. 근데 진짜 갔는데 사람들끼리 있으니깐 하나도 안 춥더라고요. 그래서 저는 두어 번 가고 아빠는 그래도 꽤 많이 갔어요. 거의 다 가다시피 했는데, 아빠가 "정말 대단하다" 그러더라고요.

그 한번 촛불 파도타기 할 때 아빠가 문자를 보내서 "TV 한번 보라"고, 지금 아마 생방송으로 되는 거라고 해서 제가 한번 본 적이 있거든요, 집에 있을 때. 근데 아빠도 새로운 느낌. 그런 데 가면 사람이 군중심리라는 게, 그런 게 있는 것 같더라고요. 그래서 아빠도 새로운 느낌. 거기 가면 뭔가가 또 불끈 새로운 그런 게 솟아오르는 힘이 있나 보더라고요. 그래서 나름대로 유가족이랑 별도로 우리는 혼자 가니깐 같이는 안 하지만, 그래도 아빠 나름대로 혼자서 가면서 좀 많은 사람들이 그렇게 같이 동참해 주고 그러면 아빠는 그러더라고요, 얘기하는 게 그래. "그거 7시간 때문에 다 터진 거"라고.

면담자   그러니까요. 지금 7시간 말씀하셔서 그런데, 많은 분들이 "꼭 그 7시간을 밝혀야 한다" 그랬고, 어떤 사람들은 "왜 그렇게 7시간에 집착을 하느냐"는 의견도 있었잖아요. 어머님 같은 경우는 그 7시간이 되게 중요하다, 밝혀야 된다고 생각을 하셨나요?

혜경 엄마   저는 그때는 그 7시간을 생각을 안 했어요, 안 했고. 그냥 왜 대통령이 자기가 당연히 근무할 자리에 와서 있어야 되는데. 저는 당연히 원래는 거기 집무실로 가는 줄 알았거든요. 근데 그게 터지고 나서 '원래 대통령이 안 가는 건가?' 내가 애기 아빠한테 "원래 안 가는 거야?" 그러니까는, "원래 왜 안 가, 원래 당연히 가야 되는 건데 그 사람은 안 간 거지". 〈비공개〉 근데 원래가 해야 되는데 안 한 거니깐 지금 비난을 받는 거죠. 우리 애기 아빠는 그 7시간을 "그래서 7시간을 사람들이 더 애기를 하는 거야". 어쨌거나 그 이후에 7시간에 대해서 애기 아빠는 그래. "그 7시간 때문에, 국정 농단도 밝혀진 것 아니냐". 애기 아빠는 그렇게 애기를 하거든요.

　근데 어쨌거나 저쨌거나 최순실이가 뒤에서 조종을 하면서, 촛불집회로 인해서 대통령이 탄핵으로 간 건데. 저는 사실 이정미 헌법재판관이 그거[탄핵심판 선고] 할 때 사실은 그날은 일을 거의 할 수가 없더라고요. 회사에서 컴퓨터를 소리를, 정말 저만 들리게끔 틀어놓고 있었어요. 선고 날만, 그것만 기다린 거예요, 그거만. 그래서 그날 왔는데 일이 너무 안 되는 거야. 그래서 화면 그것만 요렇게 해서 그런 기사만 봤어요, 종일. 종일 기사보고 고 시간 때 요렇게 했는데. 〈비공개〉 그거 할 때 처음에는 좀 불안했어요. 불안했는데 어느 순간 막 읽는데 '어 이거 탄핵감이네' 그걸 확신을 하고 애기 아빠한테 "완전히 탄핵이다" 톡을 했는데 "조금만 더 기다려야 돼, 모르는 일이야". 근데 좀 가는데 부연설명을 하는데 좀 불안

한 거야. 그래서 '아, 뭐야… 이건 또' 그러고 있었거든요.

마지막 그거 할 때, 그 문장일 때 '아, 완전히 이건 됐다. 탄핵이다' 그래서 아빠한테 "탄핵이야. 분명히" 그래 놓고 했는데 탄핵이라니깐 옆에 사람들이, 주위에서 막 소리를 지르는 거예요, 손뼉 치고. 탄핵이라고. 그래서 내가 "아 이게, 나뿐만이 아니라 공감하는 사람들이 너무 많구나. 모르는 사람들은 아마 연세 드신 분들이겠지" 그랬거든요. 그날 점심 먹으러 가가지고 제가 식당에서 막 얘기를 했어요. "아주 잘됐다"고. 어쩌면 그렇게 눈 하나 깜짝 안 하고, 담화문 할 때도 미안하다고 잘못했다고 그랬으면 좀 낫지. 〈비공개〉

8
서울로 이사한 이후의 일상

면담자   안산에 계시다가 서울로 이사하신 다음에 조금 더 편하세요? (혜경 엄마 : 아니요) 사실 가족들 같은 경우엔 이웃과의 관계에서 많이 힘든 부분들도 있잖아요. 그런데 오히려 서울에 계시는 게 더 어려우세요?

혜경 엄마   그니간 저희는 여기[안산]에 있었으면 아마도 가협에 활동을 하든 안 하든 계속 나갔을 거예요, 자주. 근데 저기 가면서는 그냥….

면담자   끊어지는 게 있군요.

혜경 엄마   여기도 거리상 있고 그러니깐 끊어지고. 그리고 저기[서울] 가서는, 아빠가 며칠 전에 그랬어요. 아빠는 2시에 나갔다가 밤 10시에 끝나서 오는데 사람 상대가 하나도 없다 이거지. 그니깐 아빠가… 좀 답답하고 감옥 같은 그런 거. 그렇지만 아빠는, 아빠가 그래요. "그렇지만 내가 집에서 아무것도 안 하고 있는 것보다는 낫다" 그러더라고. "내가 그래도 나가서 있으면, 일할 때는 그 시간만큼은 내가 압박받고 딸에 대한 잘못한, 미안하고 그런 부분에 압박받는 거를 조금은 그 시간만큼은 몸이 힘들 때는 덜 생각한다" 이거야. 그러니깐 아빠가 많이 움직여요, 낮에. 아침에도 보통 10시 40분에 밤에 오시면 씻고 저랑 잠깐, 한 2, 30분 얘기하고 2, 30분은 뉴스 보고. 보통 12시 되면 "자자" 이래. 그럼 전 잠이 안 와서 "난 글 좀 쓰다가 잘래" 그러면 아빠가 "그냥 자" 그러고 끌고 들어가는 편이 많거든요. 그럼 들어가는 시간에 혜경이 방도 불 꺼주고 "잘 자라"고 그러는데. 그러면 보통 눈뜨는 시간이, 아침에 큰딸이랑 저랑 일어나서 준비하고 그러니깐 보통 6시면 움직이고 그러니까 아빠도 그 시간이면 누워 있어도 깬 시간이지.

사실은 저는 혜경이 이러고 나서 아침은 안 먹어요. 그냥 저 나름대로 혜경이한테 공양한다는 거. 절에 엄마가 다녔으니깐 그런 말을 많이 들어서 아침은 혜경이한테 공양한다는 그런 의미로 아침을 안 먹거든요. 큰딸도 밥을 안 먹고 가지. 제가 밥을 해놓으면 아빠가 아침에 일어나서 뭐 하고 그러면 늦게 먹으니깐 밥이 굳잖아요, 따뜻해도. 그러니깐 아빠가 "밥하지 말라"고, "○○ 엄마도 바쁘니깐, 자기가 해 먹을 테니깐". 그래서 사실은 7시 반에 딸이랑 저랑 나오면 그 이후에 아빠가 일어나서 밥하고.

면담자   아버님이 밥도 잘하시나 봐요.

혜경 엄마   네. 밥하고 빨래, 손빨래 다 해놔요.

면담자   손빨래도 하세요, 세탁기 돌리는 거 아니고?

혜경 엄마   응. 제가 성질이 좀 이상해 가지고 속옷이랑 양말은 세탁기에 못 돌려요, 제가. 절대로 그거는 못 돌리게 해요. 어떤 집은 속옷, 양말 다 같이한다는데, 저는 겉옷이나 이불빨래 외에는 속옷, 양말은 손빨래해야 해. 절대 같이하면 안 돼. 그리고 속옷도 속옷 먼저 빤 다음에 그담에 양말을 빨아야지, 양말을 한 다음에 그 세숫대야에다 속옷 해놓으면 순서 틀리면 큰일 나.

면담자   예. 그럴 수 있죠, 속옷이 훨씬 더 깨끗한 거니까.

혜경 엄마   네. 저는 그러거든요.

면담자   혹시 냄비에 삶으세요?

혜경 엄마   아빠 거는 삶아요, 아빠 거는. 저희 거는 안 하고 아빠 거는 제가 결혼하면서부터 계속 삶아가지고. 그래서 아빠가 모았다가 일주일치 한 번에 해서, 세탁기로 헹궈요. 근데 아빠가 삶다가 요령이 생겼나 봐. "○○ 엄마 내가 해보니깐 세탁기에 온수로만 해가지고 돌리면 삶은 거랑 진배없대" 그래 가지고 그렇게, 안 삶고. 그래서 아빠가 손빨래하고. 자기 거 일주일 모았다가 다 하고 그거 다 해요. 그담에 청소해 놓고. (면담자 : 훌륭하시네요) 그니깐 훌륭한 게 아니고, 시간 빈틈없이 그렇게 놀려요. 다 놀려놓고, 저도 힘들지 말라고.

면담자 　　　나눠서 하시는 거는 맞죠.

혜경 엄마 　　　그 전에는 제가 청소하고 그랬는데 아빠가 낮에 시간이 있으니깐 자기가 하더라고, 그렇게. 그 전에는 청소는 안 했어요. 사실은 빨래, 설거지 그런 건 다 해주셨는데, 지금은 낮에 자기가 시간이 있다고 청소까지 해놓으시더라고. 그러니깐 제가 저녁은 이제 좀 편해요. 저녁에 가면 할 게 하나도 없어.

면담자 　　　용돈 너무 조금 주시는 거 아니에요, 이런 이야기를 맨 처음에 들었어야 하는데(웃음). 물론 아버님이 많이 쓰시는 거는 아니지만 이렇게 많이 해주시는데요.

혜경 엄마 　　　그래서 저는 제가 항상 "미안해" 그래요. "오늘 청소 다 해놨다, 대청소" 그러면 "미안해" 그러거든요.

면담자 　　　어머님이 미안하실 거는 아니죠(웃음).

혜경 엄마 　　　근데 그렇게 해놓고 그러니깐 자기도 해놓으면 마음이 편안하대요. 그냥 '○○ 엄마 저녁에 와서 좀 쉴 수 있겠구나' 그런 생각이 든다고. 제가 항상 우리 큰애한테 그래요. "아빠 같은 사람 만나서 갔으면 좋겠다"고.

면담자 　　　그죠. 어쨌든 둘이 서로, 누가 밖에서 벌어오든 누가 집안일을 하든 이런 게 나눠지는 좋은 모습인 것 같아요. 서로서로 힘들다는 거를 배려하고.

혜경 엄마　　네. 그러니까 아빠가 자기 시간, 틈이 벌어진 시간이 없게 하니깐… 그러더라고요. 나름대로 자기도 "그렇게 바삐 움직이면 그 시간만큼은 내가 미안한 부분에서 벗어나지 않냐. 그래서 오히려 알바 시간이 조금 일찍 와서 ○○ 엄마랑 저녁을 같이 있으면 좋은데 그건 안 되더라"고 그냥 "괜찮다"고. 근데 저는 항상 미안해요. 왜냐하면 아침에 밥도 안 챙겨주지, 손빨래도 다 하고.

면담자　　어머님도 주말에도 일하시고 평일에도 하시니까 사실 어머님이 미안해하실 건 아닐 것 같아요. 근데 어쨌든 아버님도 아무리 아내가 일을 많이 해도 우리나라에서 사실 아빠들이 이렇게 도와주시는 분이 별로 없잖아요.

혜경 엄마　　저는 다른 부분에 대해서 아빠가, 내가 해달라고 해서 한 게 아니라 아빠가 알아서 해주니깐 고맙고. 근데 그래도 제가 미안해요. 저도 그런 게 있어요. '남자가 할 일이 있고, 여자가 할 일이 있는데' 그런 생각을 많이 갖거든요. 근데 아빠가 해주시니깐 그래서 "미안해요" 그러면. 저는 그게 있어요. 아빠가 퇴근해서 들어오면 "수고하셨어요" 그리고 문 따는 소리 나면 앞에 나가서 그러거든요. 예전에 출근할 때도 항상 엘리베이터 앞까지 가서 그러고 그랬는데.

　　혜경이 아빠가 그런 적이 있었어요. 전에 한 날은 일요일에 같이 만나서 퇴근을 하게 됐어요, 제가 좀 늦어가지고. 가게에서 만나서 오면서 얘기하다가 아빠가 수요일마다 쉬는데. "아유, 일주일이 금방 가네. 아빠 쉬시는 날이 다가오네" 그랬더니, 그 쉬는 날도 청소를 해놓고 그러는 날이 있거든요. 그래서 제가 "에휴, 쉬는데 쉬지도 못하고 해놓네" 아빠가 그러더라고. "○○ 엄마는 10년 넘게 하루도 안 쉬었잖아" 그러더라고요. 아빠가 그렇게 얘기해 줄 때는 저는 그게 '아빠가 안 미안해도 되는데…' 그런 생각을 해요. 어쩔 수 없는 상황에서 우리가 살아가려면 어쩔 수 없어서 하는 건데 아빠는 그 부분이 미안한가 보더라고. 왜냐하면 아빠가 "고생시킨다"고 아빠가 그러거든요. 〈비공개〉 그래서 제가 "다 지 복이고 다 지 팔자야. 내 팔자가 이러니깐 할 수 없지" 그러거든요. 그래도 아빠가 미안해하더라고요.

면담자　　　예전부터 아빠, 엄마가 무엇을 해야 한다고 정해진 틀이 있어서 그런지, 저는 아버님이 그렇게 생각해 주시는 게 좋은 것 같아요.

혜경 엄마　　　그래서 저녁에 가면 제가 한가해요.

면담자　　　그죠. 그러니깐 계속 일을 하시는 거죠, 주말도 없이. 어머님은 지금 일주일 내내 안 쉬시는 거잖아요. 그러니깐 7일 일하는 거잖아요.

혜경 엄마　　　빨간 글씨만 쉬고.

면담자   일요일에 쉬세요?

혜경 엄마   아뇨, 국경일.

면담자   공휴일만 쉬는 거잖아요. 그니깐 그게 굉장히 힘드실 것 같아요.

혜경 엄마   근데 저는 중간에 그렇게 빨간 날, 쉬는 날 되면요, 집에 있으면 머리가 터질 것처럼 아파요. 그 리듬이 깨져서 그런가 봐요. 맨날 일어나는 시간에 일어나고 나가고 그래야 되는데, 그 리듬이 깨져서 그런지 머리가 터질 것처럼 아파 가지고. 애기 아빠가 "천상 일할 팔자인지" 농담으로 그래요.

면담자   그렇군요. 저는 가끔 안 나가게 되면 터질 것같이 아프던 머리가 쉬는 것 같고 좋던데(웃음).

혜경 엄마   저는 막 터질 것 같애. 그냥 내가 여기서 쉴 수도 없는 상황이고, 그냥 그래요. 오히려 혜경이 있을 때 내가 쉬었다 그러면 쉴 수도 있었어요. 근데 애 학교 다닐 때도 일찍 와서 못 챙겨주고 그랬는데, 내가 지금 쉬는 게….

면담자   더 미안한 마음이 드시는 거죠.

혜경 엄마   네. '쉴 수가 있는 건가' 그런 생각을 해요. 아빠는 올해 환갑이니깐. 아빠는 어차피 나이도 있고, 그 당시에 자의 반 타의 반 그렇게 해서 정년퇴직할 때는 아니었는데 회사에서 나와가지고 쉬다가. 중간에 너무 쉬니깐 못 살겠고 그러니깐 또 잠깐 일 다니다가 거기서 데이고 그래서 제가 거기를 그만두라고 해서 그러고 있다가 지금 주유소 알바를 다니는데, 힘들대. 어깨 아프고 그렇다 그러더라고요. 사실은 허리도 아프고 그러는데, 제가 그랬어요. "그냥 미안하지만 조금만 연금 탈 때까지만 다녀달라"고. 〈비공개〉

면담자   그죠. 아까 말씀 들으시간 이곳저곳 조금 편찮으시기도 하고요.

혜경 엄마   그래도 그냥. 어제도 저 태우고 오면서 "아픈데 그래도 다녀야지" 그러면서….

면담자   두 분이 잘 고민해서 결정하셨을 거라고 생각해요. 이제 인양에 대해서 잠깐 여쭤볼게요. 결국 인양이 그렇게 오랫동안 미루고 미루다가 2017년 3월 30일에 이뤄졌어요. 사람들이 다, 온 국민이 깜짝 놀랐어요. 이렇게 빨리 될(웃음).

혜경 엄마   그러니까 이렇게 쉽게 될(웃음).

〈비공개〉

면담자   세월호가 인양된 후에 유류품 때문에 가서 처음 보셨나요, 아님 그 전에 가셨나요?

혜경 엄마   저는 처음 그거 세우는 날, 세우는 날 갔고. 아빠는 두 번인가 세 번 세영 아빠랑, 지현이 아빠랑, 박혜선이 아빠랑 그렇게 번갈아서 갔었지. 개별적으로 KTX 타고 그렇게 해서 아빠는 가서 1박 2일인가 2박 3일 그렇게, 아빠는 한 두어 번 갔어요.

면담자   들어가서 보시기도 하고?

혜경 엄마   그때는 그 근처까지만, 근접 부분 막아놓은 거기까지만 갔지.

면담자   배가 올라온 거 보니까 어떠셨어요?

혜경 엄마   (한숨) 그 올라오는 날은 엄청 회사에서 울고 있는데 또 소정 엄마가 전화해 가지고 "언니 괜찮냐"고 그래서. 아니 뭐… 괜찮…, 아이 올라온 거만 하겠어요. 그냥 아이가 더 저기 하지. 그래도 "그냥 마음이 아프다" 하면서 울고 있는데, 전화 오고. 아빠는 가가지고, 갔다 와서는 그냥(한숨). "그렇게 쉽게 올라올 거를 왜 그렇게 걸렸는지 모르겠다"고.

〈비공개〉

9
혜경이에 대한 사무치는 그리움

면담자   마지막으로 혜경이가 어머님한테 어떠한 존재인지 그런 이야기하면서 마무리를 할까 해요. 앞으로의 삶에서 어머님이 추구하고자 하는 한 가지의 목표가 있다면 무엇일까요?

혜경 엄마   이 사고 전에는 그런 게 있겠죠. 우리 넷이서 행복하고 뭐 그런 행복이란 게 안 빠지겠지. 근데 사실은 이 사고가 나고는 솔직히 말해서 행복이라는 그런 거는 아무 의미가 없는 것 같아요. 그런 말을 꺼내거나 글씨조차 써지지가 않아요. 앞으로는 살면서 추구한다는 게, 우리 혜경이랑 친구들이랑 잘 데리고 와서, 그냥 화랑유원지에 잘 좀 해놓고 세계적으로 유명한 그런 걸로 해서 후대까지도 잊지 않고 기억해 주는 것. 내가 있는 동안은 볼 수 있지만 제가 이 세상에 없을 때는 그런 거를 어떻게 꾸려나가는 거를 모르잖아요. 그런 것도 사실은 걱정이 돼요. 그게 부모라서 그런지 모르겠어요. 내가 먼저 눈감은 게 아니고 어린 자식 먼저 보낸 것에 대한 염려인 것 같아요. 후세에도 '저게 잘 유지가 될까?' 하는 그런 걱정. 사실은 그래서 저는 지방자치단체에서 이거를 좀 잘해 줬으면 하는 바람이 커요. 그리고 아마도 제가… 죽을 때까지 모든 것은 혜경이랑 연결이 되는 그런 얘기로 될 것 같아요, 죽을 때까지. 〈비공개〉

면담자　　　진상 규명, 책임자 처벌 등 가협에서 이야기해 왔던 목표에 어머님도 동의를 하신다고 하셨는데요. 이게 만약에 다 달성된다면 그다음엔 어떻게 살고 싶으세요?

혜경 엄마　　　달성돼도… 혜경이가 없으니까…. 저는 항상 그래요. 제가 글 쓰면서도 내 안에는 '그늘'에 대한 표현이 많아요. 어떤 그늘이든지 그게 혜경이가 눈감았을 때의 그 어둠이랑은 바꿀 수 없다고 그러거든요. 그러니깐 명확하게 밝혀져도 혜경이가 없기 때문에 저는 그냥 똑같을 것 같아요.

면담자   이런 표현이 좀 그렇지만 이 생을 다할 때까지 혜경이를, 혜경이에 대한 글을 쓰시면서 살아가고 싶으신 거네요.

혜경 엄마   네.

면담자   지금 혜경이를 떠올리면 무슨 생각이 드세요, 이제 4년이 지났는데 지금 생각해 볼 때 혜경이는 어머님에게 어떤 존재였는지요?

혜경 엄마   그 존재가, 지금 혜경이가 4년이 지났는데, 모든 거는 내 손 안에 있을 때는 몰라요. 근데 아이를 잃고 나서는, 그때 이후부터는 그래. (가슴을 짚으며) 여기가, 큰 뭔가가 홀러덩 빠져나가 가지고 여기가 허한 느낌 있잖아요. 하다못해 이 하나 빠져도 그 부위가 크잖아요. 이가 조그매 보여도 빼면 엄청 크잖아요. 그런 거. 저는 그래요. 큰 산을 움푹 파서 들어낸 것처럼 여기가 허하거든요, 그냥 허전해요. 지나고 나니까 혜경이가 우리 가족 넷 중에서 가장 작은 막내, 표시 나지 않는 존재였는데 지금은 제일 큰 존재, 그렇게 허한 존재로밖에는 없지요…. 근데 다 똑같을 거예요, 엄마들이. 저는 그렇게 생각해.

면담자   해마다 좀 변해간다고 느껴지시나요, 아니면 혜경이를 잃고 나서 비슷한 상황이 4년 넘게 지속되시는지요?

혜경 엄마   이 가슴이 허한 거는 움푹 파여 있는 그 자체고, 아이를 생각하는 거는 더 새록새록 해요, 시간이 지날수록. 저를 격

려해 주는 친구들은 "시간이 지나면 괜찮을 거야" 그러는데, 시간이 지나면 괜찮은 게 아니에요. 시간이 지나면 지날수록 더 그게 도드라져서 나와요.

면담자   허함이 도드라져서 나오는 건가요, 아니면 그리움이?

혜경 엄마   그리움이. 그리움이 도드라지면 여기가[가슴이] 더 저기 해지지[허해지지]. 제가 '사무치게'라는 그런, 학교 다닐 때 옛날 분들 시 보면 "사무치게 그립다"는 그런 게 있는데. 제가 "사무치게 그립다"는 거를 검색을 한번 해봤어요. 이런 기분인가 그랬더니 그런 것 같아요. 그래서 '사무치게'가, 정말 자식을 잃으면 옛날 분들도 이랬나 보구나. 어떤 데서 그런 글이 한 번 나와서 읽는데, 옛날에 버슬을 하셨던 분이었던 것 같애. 근데 어린 딸을 잃고 나서 "사무치게 그립다"고 글을 쓴 거예요. 근데 그 딸이 종종종종 다니면서 했던 거, 자기가 맛있는 거를 가져와서 딸한테 주고 그랬을 때 딸이 좋아했던 그런 거. 그러면서 "너무 사무치다"고 그런 거를 표현을 해가지고 '나도 엄청 그립고 그러는데. '사무치게'가 나 같은 이런 허하고, 가슴이 텅 비어 있는 느낌으로 그러면서 그리운 건가' 그랬더니…. 거의 그런 것 같더라고요.

면담자   마지막으로 간단하게 여쭤보고 마무리할게요. 진상 규명이 될 거라고 생각하세요?

혜경 엄마   지금으로 봐서는 안 될 것 같아요. 되는 게 당연한데, 1기 [특조위] 때 거 보고 그러면 안 될 것 같아요. 근데 지금은 우리가 요구하는 게, 집행부에서 요구하는 게, 수사하고 기소하는 것까지 같이할 수 있는 거. 그런 걸 하는데 '그거를 해도 그게 이루어질 수 있을까?' 그러는데. '이루어지면 어느 정도 근접은 할 수 있겠지' 싶지만 '그거를 정치권에서 해줄 수 있을까?' 그런 생각은 들어요. 한쪽으로는 그래요. '영원히, 정말 미제로 남을 수도 있을 거다' 그런 생각을 많이 해요.

면담자   진상 규명이 되면 마음의 허함과 그리움이 조금은 달래질 것 같으세요?

혜경 엄마   그건 내가 우리 혜경이를 그리워하는 마음, 보고 싶어 하는 마음이기 때문에 진상 규명해도 그건 그냥 결과일 뿐이고. 혜경이가 당장 없고 그냥 그 안에서 있는 것만 떠오르기 때문에… 그거랑 맞바꿔지지는 않을 것 같아요.

면담자   이제 3차 구술까지 다 마쳤거든요. 혹시 좀 아쉬웠거나 더 하고 싶은 말씀이 있으세요?

혜경 엄마   더 하고 싶은 거 그런 거는… 얘기하면 한도 끝도 없어요. 내가 하고 싶은 말, 담고 있던 말은 그래도 어느 정도 한 것 같네.

면담자   혹시 집에 가신 다음에 꼭 했어야 했는데 못 했던 것 있으시면 모아두셨다가 나중에 더 해도 돼요. 혜경 어머님께서 자세하게 마음의 이야기를 많이 해주셨어요. 그래서 또 많은 사람들이 읽고 더 많이 생각할 수 있는 그런 글이 될 수 있을 것 같아요.

혜경 엄마   애쓰시네요. 교수님이랑 재성 선생님이랑.

면담자   아이고(눈물을 훔침), 마지막에 갑자기 눈물이 퍽 나서 제가 참느라…. 오늘 여기까지로 혜경 어머님 구술 마치도록 하겠습니다.

혜경 엄마   애쓰셨어요. 교수님.

면담자   네, 수고하셨어요.

4·16구술증언록 단원고 2학년 2반 제3권

그날을 말하다 혜경 엄마 유인애

ⓒ 4·16기억저장소, 2019

기획 편집 4·16기억저장소 | **지원 협조** (사)4·16세월호참사가족협의회
펴낸이 김종수 | **펴낸곳** 한울엠플러스(주)
초판 1쇄 인쇄 2019년 4월 1일 | **초판 1쇄 발행** 2019년 4월 16일
주소 10881 경기도 파주시 광인사길 153 한울시소빌딩 3층
전화 031-955-0655 | **팩스** 031-955-0656 | **홈페이지** www.hanulmplus.kr
등록번호 제406-2015-000143호

Printed in Korea.
ISBN 978-89-460-6712-7 04300
       978-89-460-6700-4 (세트)
* 책값은 겉표지에 표시되어 있습니다.